カルヴァン神学入門

Johannes Calvins Theologie
Eine Einführung

G. プラスガー［著］
矢内義顕［訳］

教文館

Johannes Calvins Theologie - Eine Einführung

2nd Edition

by

Georg Plasger

まえがき

カルヴァンは、彼の『ジュネーヴ教会信仰問答』で、つぎのように問う。「キリスト者にとって、牧師から一度だけ教えられれば、それで十分か、それとも彼は生涯をとおしてそれを続けなければならないのか」。彼の答えは以下のとおりである。「彼がそれを辛抱強く続けなければ、始めた意味はほとんどない。というのも、私たちは、終わりまで、いや、終わりなくキリストの弟子でなければならないからである。キリストは、このために、彼の代理そして彼の名において教える職務を、教会の奉仕者に委託したのである」（問三〇八）。

このことは、カルヴァンが、生涯にわたって聖書から、そして聖書において学ぶことを、他ならぬ教理を、教会の不可欠の目印、いや、カルヴァンが他の箇所でも述べているように、教会を一つにする絆と見なしていたことを、明らかにする。彼のすべての活動において、カルヴァンは、この課題を義務として自覚しており――それゆえ、彼の聖書註解、『キリスト教綱要』、他の多くの著作も、大部分、カルヴァン自身が教会の教師として活動したことによって、特徴づけられる。

このささやかなジャン・カルヴァン神学入門は、彼の神学の重要な側面をテーマごとに区切ってまとめることによって、いささかでも彼の思想へ導くために役立つことを意図している。私は、カルヴァンの神学の諸側面への多くの個別的な研究から学ぶことができたことに感謝している。おそらく、少なからぬ関連を行間から読み取ることができるだろう。

このささやかな入門によって、私は、カルヴァンの神学的な認識の足跡を突き止めるよう勇気づけたい。本書の各章は、いわば食前酒にすぎず、正式の食卓へのご招待である。すなわち、私は、カルヴァンの神学がもつ意義は、二一世紀の教会においてもなお常に新しいことが明らかになりうること——あるいは少なくともカルヴァンの神学的な認識は、今日、別の仕方で語ることを挑発している、という前提で本書を執筆しているのである。

私は、ジャン・カルヴァンの神学に関する刺激的な対話を多くの方たちと行ない、彼らから興味深い側面に気づくことができた。ここですべての方たちの名前を挙げることができないことをご容赦いただきたい。校正の仕事については、ジーゲン大学組織神学・エキュメニカル神学講座の研究仲間、ザーラ・タベア・フーラント（Sarah Tabea Huland）、ルドガー・ロト（Ludger Roth）、デニス・シェーンベルガー（Dennis Schönberger）に御礼を申し上げる。

二〇〇八年五月、ジーゲン

ゲオルク・プラスガー

目次

まえがき　3

第一章　カルヴァンの生涯……17

一　ジャン・カルヴァン、ジュネーヴの独裁者？　17
二　子供時代と学生時代　18
三　宗教改革への回心　19
四　第一回および第二回ジュネーヴ滞在　21
五　ジュネーヴ教会の建設　26
六　カルヴァンの晩年　28

第二章　神を認識することと自己自身を認識すること……31
一　人生の営みとしての神認識と自己認識　31
二　神認識は、どこで、どのように行なわれ、そこでは何が認識されうるのか　34
三　神は自らを認識させる　36
四　われわれは、われわれ自身を認識する　38
五　神に栄誉を帰することとしての神認識と自己認識　40
第三章　神の言葉の告知としての聖書……43
一　聖書の権威　43
二　聖書、神の言葉そしてドクトリナ　47
三　旧約聖書と新約聖書の関係について　50

第四章　三位一体の神の本質と働き……53
一　神はいかなる類概念でもない　53
二　父も子も聖霊も、それぞれ神として示されうるのか　56
三　神の一性から出発する場合でも、
父と子と聖霊は、どの程度区別されうるのか　58
四　神が隠れていることと
神が近いことの表われとしての三位一体論　59
第五章　神の創造者の働きに対する驚嘆……62
一　創造における神の足跡と曇らされた目　62
二　福音における被造物への道　65
三　創造の神学の輪郭　71

第六章　罪――人間の神からの疎外および自己自身からの疎外……76
一　不信としての罪が神からの疎外である　76
二　罪は信じられうるが、見られえない　80
三　人間はキリストにおいて自己自身に立ち返る　85
第七章　イエス・キリスト……89
――王、祭司、預言者。イエス・キリストの三職に関するカルヴァンの教説
一　イエス・キリストの三職に関する教説と
イエス・キリストの人格と業は相互に結びついている　90
二　キリストの王としての職務　93
三　キリストの祭司としての職務　95
四　キリストの預言者職　102

第八章　キリストから理解されるべき律法は認識と生活の助けをもたらすこと……106
一　律法――キリストからキリストへ　107
二　律法の務め　110
三　律法はわれわれの不義を映す鏡である　111
四　律法は公共の共同体を秩序づける　114
五　キリスト者の男女は、喜んで神に服従しようとし、律法が彼らに役立つこと　115
第九章　聖霊の主要な業――信仰……120
一　信仰は、聖霊によって一方的に開始し、同時に隠された伝達の行為であること　121
二　信仰は、キリストと人間との贈与された交わりを示す　123

三　信仰は認識と確信であり、心と知性を包含する　124
四　信仰の質とは、キリストの恵みの業の認識であり、キリストの恵みの業への信頼である　127
五　天国への道としての信仰　130

第一〇章　神の選びの働き……133
一　選びは信仰に先立つ　135
二　神の決定は見通すことができない―それでも正しい　137
三　神の選びは責任を呼び起こす　139
四　神の選びは遺棄を含む　141
五　神の選びは確信を目的とする　144

第一一章　神の聖化の働き……146
一　さまざまな挑戦　147

二　キリストとの交わり　149
三　聖化の諸側面　153
第一二章　神によって選ばれ、そして形成されるべき教会……160
一　教会は神によって選ばれていること　161
二　可視的な教会と不可視的な教会　163
三　キリストのからだとその一性　164
四　教会への帰属　167
五　教会のしるし　168
六　各個教会における諸規定　170
七　戦う教会と庇護されている教会　172
第一三章　神の全体的な教育学――補助手段としてのサクラメント……174
一　「すべてのサクラメントの実体」としてのキリスト　175

二　洗礼の約束　178
三　聖餐の約束　182
第一四章　人間性を保護育成するための神の指図としての国家……189
一　教会と国家の相違　191
二　国家の使命　192
三　国家の責任　195
四　国家に関する教会の使命　197
第一五章　完成へのあこがれ……200
一　イエス・キリストの再臨　202
二　完全な交わり　205
三　霊魂の不滅　207
四　来たるべき生の瞑想　210

訳者あとがき　215
出　典　v
参考文献　i

装丁　桂川　潤

カルヴァン神学入門

第一章　カルヴァンの生涯

一　ジャン・カルヴァン、ジュネーヴの独裁者？

ジャン・カルヴァン（Jean Calvin, 一五〇九―六四年）という人物については――特にドイツでは――きわめて否定的な特徴づけに遭遇することがたびたびある。いわく、彼はジュネーヴの独裁者だ。きわめて厳格で、自分の方針のためには他のすべての人を犠牲にすることもいとわない。彼はセルヴェトゥスを処刑させた。彼はいわゆる二重予定説を唱えた。それによると神は、ある人を救いに選び、他の人を滅びに選ぶ。シュテファン・ツヴァイク（一八八一―一九四二年）は、一九三六年、ナチスの時代に『権力とたたかう良心――カステリョに抗するカルヴァン』（高杉一郎訳、みすず書房、一九七三年）という本を執筆した。ツヴァイクは、巧みな文学的手腕で、独裁者ヒットラーを念頭において、カルヴァンを語ったのだ。――しかもこれが、過去何十年も、カルヴァン像を暗鬱な色彩で描くことによりいっそう貢献したのである。

確かに、カルヴァンの多くの特徴は、現代の人間にとって、どちらかというならば、近寄りがたいままになっている。彼は、その全生涯を宗教改革に捧げ、厳格な措置をとることができた禁欲者である。しかし、われわれはきめこまかな肖像を認めることに努めなければならない。というのも、カルヴァンに関してこのように歪曲された像が存続する原因には、二〇世紀にいたるまで続いた教派間の争いもあるからだ。その像は、誹謗中傷され、もはや公平に描かれてはいなかった。あらゆる側から、改革派の側からも、多くの不当なことがなされた。そして、このような関連で、一つのカルヴァン像が生じた。それが、何世紀にもわたって影響を及ぼし、今日でもなお——たとえ手加減した形であれ——多くの教科書や一般的な記述に生き残っている。だからこそ重要なことは、偏見に左右されず、より正確に見つめることである。

二　子供時代と学生時代

ジャン・カルヴァンは、一五〇九年七月一〇日、北フランスのノワイヨンで生まれた。カルヴァンの父親は当地の大聖堂の公証人だった。すでに一二歳そこそこでジャン・カルヴァンは、最初の聖職禄、つまり教区からの収入の一部を得た。パリに遊学させ、カルヴァンに神学を学ばせるという父親の当初の計画に従ったのち、一五二八年、おそらくカルヴァンは、オルレアンで法学を学び始めたと思われる。当時そこは最も有名な法学部の一つだった。彼は、歯を食いしばって熱心に学び、数か月でギリシア語を修得し、しだいに人文主義の理想に感化されるようになった。一五二九年、カルヴァンは、オルレアンを去り、ブルッへの著名な法学者アルチャート（一四九二―一五五〇年）のもとで、さらに勉学を続けた。一五三一年、父親が重い病にあることを知り、ノワイヨンに戻り、父親の最期を看取ることができた。

父親の死後、ジャン・カルヴァンはパリに赴く。今や独立したカルヴァンは、法学の研究となんで、何よりも文学の研究に打ち込む。パリでは国王フランソワ一世（在位一五一五―四七年）が、新しい人文主義的な方向の大学（コレージュ・ド・ロワイヤル）を創設し、カルヴァンはそこに入学したのだ。一五三一／三二年の冬、カルヴァンは、セネカの『寛容について』(De clementia) の註解を執筆する。この書物によって知られるようになった彼は、フランスにおける初期の人文主義者《ユマニスト》グループに名を連ねることになった。こののち彼は、オルレアンに戻り、彼の法学研究を法学士として終了した。

三　宗教改革への回心

いつカルヴァンが宗教改革への回心を体験したのかという問題は、数えきれないほどの研究の対象であるが、証拠は乏しい。カルヴァン自身は、突然の回心（subita conversio）を体験したことを述べている。カルヴァンは、このことを回顧的に記すが、何年であったかを述べていない。それは、一五三四年五月四日に違いない。というのも、彼は、この時ノワイヨンに旅し、自分の聖職禄を放棄したからである――そして、これはカトリックからの彼の離反の結果と理解されうる。だが回心は、一五三三年にはすでに起きていた可能性もある。このことは、カルヴァンがいわゆる「コップ演説」の起草に関与したときであると、推測されうる。カルヴァンも学んだパリ大学の総長、医学者ニコラウス・コップ（一五〇五―四〇年）は、一五三三年一一月一日に、学期開講の挨拶を行なう。この挨拶は、山上の説教の祝福を講解したものだが、内容的には福音の賞讃である。この演説はフランシスコ会の教会でなされたが、修道士たちがただちにコップを異端として訴えたため、彼は演説の数週間後パリから自分の故郷の町バーゼルに避難する。コップの演説が少なくとも部分的にカルヴァンの手になるものか否かについては、カルヴァン研究において論じられ、かなり意見の対立がある。もしカルヴァンが関与したとするならば、彼は一五三三年秋にはすでに改革主義の思想をもっていたことになろう。

一五三四年一〇月に、いわゆる「檄文《げきぶん》事件」が起きる。ミサに反対する檄文が公然と掲示されるのだ。この一件に関して「ルターの徒」――宗教改革の志をもつ者たちはこう呼ばれた――が、公共の秩序と宗教に対抗して団結する者たちの首謀者として名指された。カルヴァンは、福音主義の信仰をおおやけに告白し、そのために精力的に運動することによって、檄文運動の準備において注目を呼び起こした。いずれにせよ、カルヴァンも一五三五年初頭にパリからバーゼルに避難する。結局、カルヴァンの回心の正確な日付については、慎重でなければならない。カルヴァンにとって、それは一つの出来事だったかもしれないが、それに劣らず重要なことは、ここにいたる、より長期の経過があったということだろう。だが、結果は決定的である。すなわち、カルヴァンは、一五三四年までには「回心」(conversio)、福音への転向を体験し、これをきっかけに、彼はがらりと変わるのである。

四　第一回および第二回ジュネーヴ滞在

バーゼルでカルヴァンは、カルヴィヌス(Calvinus)の綴りの順序を変え、ルキアヌス(Lucianus)という偽名で生活する。彼は、フランスの改革派の人びとのために福音主義のカテキズム執筆にとりかかり、そして一五三五年八月に彼の著作を完成する。それは一五三六年三月には印刷された。『キリスト教綱要』(Institutio christianae religionis)と名づけられるこのカテキズムの執筆とならんで、彼は、聖書、マルティン・ルター(一四八三―一五四六年)、フィリップ・メランヒトン(一四九七―一五六〇年)、そしてマルティン・ブツァー(一四九一―一五五一年)の著作も研究する。

遅まきながらもここで彼はヘブライ語を習得し、スコラ学者の著作も読む。彼は自分に課せられた膨大な仕事をやり遂げなければならなかった。

一五三六年四月にカルヴァンは、パリに赴き、彼の弟妹と再会する。それから彼は、ブツァーおよびその他の人びとと会うために、さらにシュトラースブルクへ赴こうとするが、軍事的な対立のために、リヨンとジュネーヴを経由する迂回路をとらなければならなくなる。ジュネーヴでは、一五三五年に市参事会員の側から宗教改革が遂行された。それは、ジュネーヴの都市の自治を司教たちに対して強調するためでもあった。それゆえ、ジュネーヴの宗教改革は内実として定着してはいなかった。ローマ・カトリックの一派は、引き続き強い影響力をもっており、ジュネーヴの宗教改革者ギヨーム・ファレル（一四八九―一五六五年）は、自分一人では荷が重すぎると考えていた。こうして、カルヴァンは「ジュネーヴ教会の聖書講師」となる。

一五三七年にカルヴァンは、市参事会に教会の新しい編成のための提案をする。そこには、カルヴァン神学の基本的な特徴が明らかにされている。彼にとって常に重要なことは、教会の形態、したがって、教会がどのように生きるのかということだ。確かに、彼が望んでいるのは、選ばれた者たちから成る排他的な共同体ではない。――これは、いわゆる再洗礼派の構想だった。むしろ、カルヴァンは、教会を、自発的にそれに属することを望む人びとから成る共同体として理解している。礼拝に詩編歌が導入される――これは今日も、世界中の改革派教会の特徴である。教理教育が準備され、『綱要』よりもはるかに短く、明らかにルターの『小教理問答』を模範にした『教理問答』（邦訳『信仰の手引き』渡辺信夫訳、新教出版社、一九五六年）が執筆される。ところが、市参事会は、カルヴァンの改革の提案に難色を示す。当局は、さんざん躊躇した末、ようやく諸提案に同意する。当局が、どのみちジュネーヴの住民は信仰告白に賛同するだろうと、彼らに提案を説明すると、事態はエスカレートする。多くの住民が、それを望もうとはしなかったのだ。それゆえ、この試みが失敗したことによって、カトリック側と福音主義側のあいだに緊張が生じる。おそらく、カルヴァンの間違いは、この時点で自分の主張を押し通そうとしたことだった。カルヴァンに対する抵抗が起きる。一五三八年、ジュネーヴで選挙が行なわれ、その結果、ローマ・カトリック的と言ってよい反対勢力が勝利をおさめる。住民の誰もが騒然とするとともに、再洗礼派もまた問題の種を付け加える。さらに、カルヴァンとファレルに対して、たとえば、カルヴァンはアレイオス派で、キリストの神的な本性を否定している、といった教義的な非難が強まる。このいわれのない主張は、実質的にはカルヴァンにはあてはまらない。ところが、カルヴァンはこの批判を相手にしない。それゆえ、この件はベルンにもたらされ、そこでカルヴァンの態度が疑念を引き起こす。ジュネーヴにおけるカルヴァンの立場は、こうしたいわれのない非難によって弱くなった。新しい参事会は、カルヴァンとファレルに、復活祭の日曜日に説教することを禁じる。カルヴァンとファレルがこの禁止を無視したため、彼らは罷免され、町を退去しなければならなくなる。ジュネーヴ時代は、一つのエピソードにすぎないように見える。カルヴァンは、バーゼルに戻り、そこで自分の研究に再び取り組もうとし、ファレルは、七月にはもうヌーシャテルに招聘される。友人たちは、カルヴァンの強情さを批判し、彼もまた、自分が逆行し、頑固すぎるふるまいをしたことに気づき、そこから、自分は公的な活動に不向きであること、むしろ静穏な学究生活を送りたいし、そうすべきだという結論を引き出す。

このため、彼は、シュトラースブルクに来て、その地のフランス人亡命者たちの教会を牧師として面倒をみてもらいたい、というシュトラースブルクの願いをかなりのあいだ拒む。しかし、ついに彼はシュトラースブルクに来る。そこは当時、ドイツのプロテスタンティズムの重要な中心だった。カルヴァンは、牧師職とならんで、新たに創設された大学の聖書釈義の講座に就任する。特に彼が取り組むのは、一五三九年に出版された『キリスト教綱要』の新版である。以前の版は、どちらかというならば詳しい教理問答であり、加えてまだルター神学の方向性をもっていたが、今度の版は、独自の、膨大な教義学の教本である。シュトラースブルク時代は満ち足りている。彼は、毎週四つの説教、講義を行ない、著作を仕上げ、さらに、宗派間対話に参加するために多くの旅行もする。たとえば、一五三九年に彼はフランクフルトに赴く。そこで彼は、メランヒトンと知り合い、二人のあいだに友愛が芽生える。このルターの最も親密な協力者もカルヴァンの友人となるのだ。カルヴァンは、一生のあいだ、ルターに多大な尊敬を抱き、ルターもまたカルヴァンに関して肯定的な評価を表明するが、同時に、カルヴァンは、晩年のルターの強情さには手を焼く。

シュトラースブルクの状況は、カルヴァンにとって好都合に恵まれているように思われる。そういうわけで、長期間ここに留まるために、いくつかの計画も立つ。一五三九年に彼は、自分の希望でこの小さな共和国の市民権を取得する。また当初は蔵書の一部を売らねばならなかったほどだったが、その後、彼の経済的な状況も改善する。一五四〇年、彼は、ある再洗礼派の男の寡婦、イドレット・ド・ビュール（Idelette de Bure, 一五四九年没）と結婚する。

そうこうするうちに、ジュネーヴでは多くの好ましくない出来事が起きた。教会生活は混乱した。ベルンはジュネーヴを支配しようとする。加えてカルヴァンとファレルの追随者たちも町から追い出される。人びとは、紛争、武力による紛争すらも危惧する。改革派の人びとは、反対する人びとの一部を動かし、できるだけ速やかにカルヴァンが呼び戻されなければ、秩序が回復されえない、ということを納得させる。カルヴァンへの要請は、あわせて半年以上も続き、ついに一五四一年九月一三日に彼は再びジュネーヴに戻ってくる。けれども、ほんの数か月という当初の計画に反して、彼は残りの人生をそこで過ごすことになるのである。

五　ジュネーヴ教会の建設

ジュネーヴに戻ったカルヴァンの最初の説教は、一五三八年の最後の説教の続きである。こうすることで、彼の一五三八年という時に直結させるのだ。けれども、ジュネーヴにおける彼の立場は、当然、今度はより強くなる。事実、彼は町と教会の秩序を整えるために呼び戻されたのである。

にもかかわらず、カルヴァンは必ずしもすべてを貫徹することはできない。たとえば、毎週日曜日に聖餐式が執行されることは成功しない。他の点でも衝突がある。カルヴァンは、教会戒規をより広い領域に導入しようとし、実行されるつもりでいる。すなわち、教会員が教理もしくは風紀に違反する罪を犯した場合には、長老会（Consistoire）が、その会員を召喚し、尋問し、場合によっては破門という最後的な手段で譴責できるとする。だが、市参事会はこれを行きすぎとみなす。政治的な統治にならぶ裁判権といったことを危惧するからだ。いくらか躊躇した後、カルヴァンは――かなり譲歩もした末、一五五五年にようやく――自分の主張を貫徹する。

今日のわれわれからすると、教会戒規のこうした文言は、問題が多いと思われる。というのも、それによって個人の諸権利が制約されるように思われるからだ。カルヴァンにとってそれは問題とはならない。彼の理解では、教区は、誰が教区民であるかを知っており、その教区に属する者がどのようにふるまうかということに、注意を払わなければならないのだ。そして、重大な違反が生じた場合に問われるべきことは、実際に共同体が維持されうるか否か、ということだ。ちなみにカルヴァンは、この点について、マタイによる福音書一八章から導き出され、支持されると自負している。そこでは、教会員の違反にどのように対処するのかがテーマとなっている。教会戒規の問題は、ジュネーヴの市参事会との大きな係争となる。だが、教会の秩序においては、教区それ自体がどのような仕方で管理されるのかが、より重要である。そこでカルヴァンにおける四種の職務が、教会の進路にとって影響をもつことになった。教会統治は、四つの職務、つまり牧師、教師、長老そして執事から成る。このことは、特定の課題が現場の教区の枠内で解決されるべきだということを明確にする。教理や教育の分野に属するような課題であれ、社会奉仕的な活動の広がりに関わる課題であれ同様である。教区における職務は、これらの課題という観点から、つまり機能的に理解されるべきだ。あらゆる秘跡的な職務理解とカルヴァンが異なる点は、この機能的な職務理解である。

ジュネーヴにおける活動とならんで、カルヴァンは、福音主義のさまざまな潮流を一つにしようと努めた。聖餐に関して、彼は、一五四九年、『チューリッヒ和協書』（Consensus Tigurinus）において、チューリッヒの人びととの一致を果たす。

一五五三年に異端者として処刑されたミカエル・セルヴェトゥス（一五一一―五三年）の場合は、しばしば言われていることとは多少異なる。確かに、カルヴァンは、他のスイスの改革者と同様に、市参事会の死刑判決に同意し、またセルヴェトゥスにとって不利な証拠を渡すことで有罪判決に寄与した――これは今日も批判的に見なさねばならないふるまいである。しかし、それは、後にしばしば言われたように、カルヴァンがセルヴェトゥスに対して訴訟手続きをとったということではない。

六　カルヴァンの晩年

一五四九年にカルヴァンの妻が亡くなる。二人のあいだに生まれた息子も早逝する。一五五九年、カルヴァンはジュネーヴに、ギリシア語、ヘブライ語、哲学という三つの講座をもつアカデミーを創立する。アカデミーは、宗教改革に加わり、自分たちの出身国の宗教改革者になった多くの神学者たちのための養成所である。その影響はどれほど評価しても、評価しすぎることはない。たとえば、スコットランドから来たジョン・ノックス（一五一四頃―七二年）もジュネーヴで学び、多くの国々から来た人びともここで学んだ。アカデミーは、カルヴァンの活動の頂点と見なすことができる。ここでは、カルヴァンの中心的な関心である聖書註解が、組織化された場を得る。

同じ年、『キリスト教綱要』の最終版が出版される。今や四巻二四章の分厚い教本で、福音主義神学の偉大な教義学的著作の一つとなる。

多くの病気を抱える生活の中で、おそらく働き過ぎが原因だろうが、彼はしだいに衰えていく。一五六四年五月二七日、カルヴァンはジュネーヴで歿する。その墓は彼の希望で墓石がない。それゆえ、カルヴァンが正確にどこに葬られているのかは、今日誰も知らない。一五六四年二月二八日の別れの挨拶で、カルヴァンは来し方を振り返り、つぎのように述べる。

「私には、あなた方が辛抱しなければならなかった、たくさんの弱さがあり、また私が行なったことですらも、すべて何の価値もありません。こう言うと、邪悪な人びとはきっと揚げ足をとるでしょう。しかし、繰り返して申します。私の行なったことは何の価値もなく、私は憐れな被造物にすぎません。それでも私が自分について、せいぜい言うことができるのは、私が善を望んでいたということです。私の失敗は常に私を不快にさせ、神への畏れが私の心に根を下ろしていました。あなた方は、私の熱意は善だったことを認めることができるでしょう。ですから、あなた方にお願いいたします。私の悪い点をお許しください。しかし、何か善いことがあったのであれば、あなた方もそれに従い、それを守ってください」（『牧師たちへの挨拶』*）。

カルヴァンは、フランスに生まれ、全生涯をフランスのために向けた。彼は、迫害に苦しむフランスの教会員を力づけようとする。彼の人生の大きな目的は、彼らのために奉仕することだった。

彼は、改革派教会を共通の教えと教会規定によって一つにした。けれども、早すぎた死のために、その後に起こるフランスの宗教戦争におけるフランスの教会員たちを、助言と行動で援助することができなかった。

ヨーロッパ全土の人びとと交わした彼の往復書簡は、およそ二〇〇〇通にも及ぶことは、印象深い。政治的な指導者たちに宛てた書簡もあれば、同盟関係にある宗教改革者たち、それ以外の宗教改革者たちに宛てた書簡もある。多くの書簡の中には、フランスの福音主義の状況に関するものもあれば、それを越える事柄に関するものもある。だが、それとならんで、牧会者カルヴァンを示す非常に多くの書簡がある。彼は、純朴な教会員一人ひとりにも、彼らの信仰と生活の問いに対して、有益で生活に必要な助言を与えるすべを心得ているのである。

* Discours d'Adieu aux Ministres, Calvin-Studienausgabe Bd. 2, Neukirchen-Vluyn 1977, 299; Calvin Œuvres, Gallimard, 2009, 991.

第二章　神を認識することと自己自身を認識すること

人生の知恵は、神認識と自己認識にある。神は、神がイエス・キリストにおいて人間と世界の方を向く神として信じられるときに、正しく認識される。このことは、人間が神を認め、神に信頼し、神を信仰と行為において讃えることによって、行なわれる。人間は、自分自身には名誉のためのいかなる理由もないことを見いだすときに、自己自身を正しく認識する。このことが、いま一度、彼を神認識へと駆り立てるのである。

一　人生の営みとしての神認識と自己認識

「人生の意味とは何か」（『ジュネーヴ教会信仰問答』問一）。あるいは、「人生の目的は何か、何のために人生はあるのか」という訳もある。おそらく、どの人間をも常にというわけではないが、しかし、幾度も駆り立てるこの問いを携えて、カルヴァンは、『ジュネーヴ教会信仰問答』に取り掛かる。実際、このことが、人間の部分的な領域にしか関わらない、ただの宗教的な問いでは決してないとするなら、ただちにカルヴァンは、生の真っただ中にいる。人生の全体が、カルヴァンによると、その意味の深さに基づいて問われるのだ。『ジュネーヴ教会信仰問答』のカルヴァンの場合は、簡潔な問いに、同じく簡潔な答えがある。われわれの創造者である神を認識することが、われわれの人生の意味である。それゆえ、カルヴァンは、神認識の中に人生の意味と目的を見る。『キリスト教綱要』において、カルヴァンはこの人生の目的の発見を知恵と呼ぶ。

「われわれの知恵のすべては、真に知恵という名に価し、真実で確かである限り、根本的には、本来二つのことを含んでいる。すなわち、神の認識とわれわれの自己認識である。だが、この二つの認識は、さまざまなかたちで結合しており、それゆえに、いったいどちらが先で、どちらが他方を生み出すのかを、今の段階ではそう簡単に述べることはできない」(『綱要』I・1・1)。

注目を引くことは、『綱要』におけるこの箇所では、神認識に加えて自己認識も挙げられていることだ――これは『信仰問答』においては暗示的に含まれてはいる。それゆえ、「私が誰であるか」は、カルヴァンによると決定的な問いであり、これを神認識から分離することができない――むろんその逆もそうである。「神とは誰であるか」ということは、自分の実存と無関係に理解されることはできない。だからこそ、カルヴァンにおいて重要なことは、この二つの次元が一つの人生行路を示しており、そこにおいて、両者は互いに関係し、そのつど互いに一方が他方を生み出すのである。

『ジュネーヴ教会信仰問答』において、カルヴァンは、人間が神に栄誉を帰するとき、人間は神を確実に認識する、と述べる（問六）。神認識は、決して抽象的で理論的なことではなく、生の営みである。それゆえ、神認識はただ認識に関わるだけではない。だから、カルヴァンはすでに、この認識が人間全体に関わることを明確にしているのだ。ここでカルヴァンが従っているのは聖書的な先行例である。聖書の用語法に従うと、男女が互いを知る場合、それは、最も親密な生の結びつきの表現である。それゆえ、神認識もまさしくここに位置づけられる。

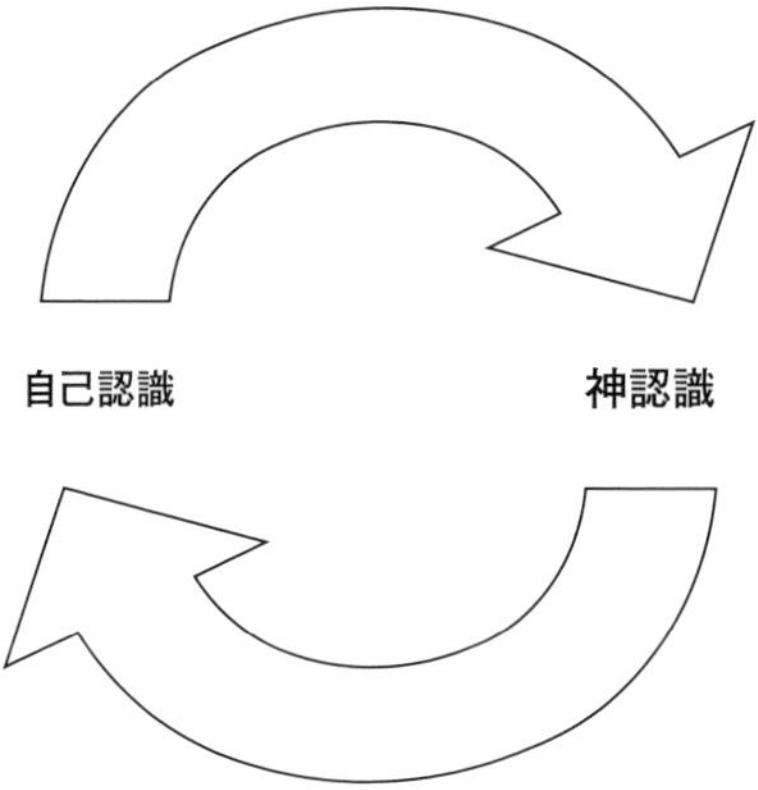

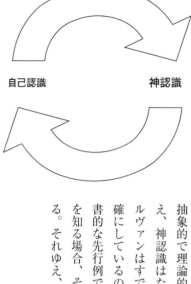

二　神認識は、どこで、どのように行なわれ、そこでは何が認識されうるのか

『綱要』では最初の二篇が神認識に割かれている。ここでカルヴァンは、創造者としての神の認識と救済者としての神の認識を区別する。それはそうなのだが、この二つの強調点からつぎのような区別をしてはならないだろう。つまり、カルヴァンは、二重の神認識を教えており、一方で創造者としての神は自然において、他方で救済者としての神は聖書において認識されうる、と。カルヴァンはそうした区別をしない。というのも、カルヴァンは、神の三位一体の教理も創造者としての神に関する説明の中で取り扱うからだ。二本の線は深く結びつき、むしろ区別されるべき強調点を明確に示しているのだ。では、神はどこで認識されうるか。あるいは、より上手に問うなら、どこで神は自らを認識させようとしているのか。というのも、決定的なことは、結局のところ人間が自ら神を認識することはできないからだ。見えざる神の啓示が必要なのである。

ところで、この点については、二〇世紀の三〇年代の神学的な議論において、神認識に関するカルヴァンの理解をめぐって激しい議論があった。一方で、エミール・ブルンナーが、カルヴァンによると人間は自然本性的な神認識の可能性をもっている、と主張し、これにペーター・バルトが激しく反対した。事実、カルヴァンは、人間に自然本性的に具わる「神性への感覚」（『綱要』Ｉ・

3・1）について語るが、これは、カルヴァンの場合、その上に何かを建て上げることができるような基礎ではない。それどころか、人間が自ら神を認識する可能性は罪のゆえに事実上はない。エミール・ブルンナーは、カルヴァンの個々の発言を過剰に解釈し、それらを文脈から引き離す。だが、「創造者としての神に到達するためには、案内者、指導者として聖書を必要とする」（同上Ⅰ・6・1）のである。

さて、神は、あたかも交換可能な対象として把握されるかのように、自らを認識させるのではない。それゆえ、カルヴァンは繰り返し鏡のイメージを使う。このイメージを、彼はコリントの信徒への手紙一、一三章12節から採ってきたのだが、この箇所でパウロは、「私たちは今、鏡をとおして見ている」と述べている。神がそれをとおして自らを直接的にではなく、間接的に認識させようとする、この鏡とは何か。「この鏡とは、神がそこにおいて自らを啓示するために手段として定めた、福音の説教である」（『コリントの信徒への手紙一註解』一三章12節）。それゆえ、われわれがもっているのは、神がそれをとおしてわれわれに自らを示す、言葉の出来事だけだ――加えてサクラメントもそれとして言葉の説明なのだ。もし、われわれが神の高みに立つとしたら、とカルヴァンは続ける。われわれは、神を直接的に見ることができよう――というのも、神は天使に自らをそのように示すのだから――だが、われわれがこの地上の制約を背負っているために、このことは、この世の生においては、われわれにかなわぬことなのだ。鏡の中で見るものは、「なおもぼんやりしている」(同上)。だが、カルヴァンによると、われわれは、この世の生を終え、キリストの再臨の日に、神を「あるがままに、もはや像ではなく、神自身を」(同上)直接的に見るだろう、と約束されている。しかし、今は鏡という制限の中で生きる。それゆえにまた、以下の二つのことが強調される。一方で、われわれが見るのは鏡だけで、われわれの不完全さのゆえに神を把握することはできない。だが他方は積極的な強調点で、これがカルヴァンの神学全体を導く。すなわち、神は、人間が神の言葉において神を認識することができるように、自らを人間に啓示する、ということだ。ところで、カルヴァンにとって世界、全被造物もまた神の栄光の鏡であり、そこからわれわれに「神に関する知らせ」(『綱要』Ⅰ・5・1)が照り輝いている。とはいえ、人間の眼は、これを認識することができない。だが、この無能力は、カルヴァンによると、単なる弱さではなく、人間の罪の結果なのだ。それゆえ、しだいに明確になることは、自己認識——ここでは、罪の帰結としての自分自身の弱さの認識を意味する——は、神認識と直接的に関連する、ということである。

三　神は自らを認識させる

ところで、神は、福音の説教において何を自らについて認識させるのか。この問いは、いったい神はどのように正しく認識されるのか、という問いと同じではない。これは、認識する側も直接的に視野に入れるからだ。ここでまず重要な問いは、神が何を認識させるのか、ということだ。答えは、簡潔にして要領を得ている。神は神自身を認識させる。神は、神について何かを示すだけでなく、それどころか、神自身について、あるがままに認識させるのだ。もちろん、神の定義は存在しないということ、それゆえ、ひとは神を把握することなどできないという留保は、そのまま残る。

神は、父、子、聖霊として、三位一体として自らを示す。さらに、カルヴァンの場合に典型的なことは、彼が神の一性も三性も同様に強調できることだ——後者については、彼が傾向としては三神論を唱えることになる、という不当な非難を招いた。神は、神自身を三位一体の神として認識させるのである。

神は、自らを世界の創造者として認識させる。神は、はじめに世界を創造し、現在にいたるまで世界を維持し、支配しているのである。

神は、自らをイエス・キリストにおいて救済者として認識させる。ここにカルヴァンの神学における心臓の鼓動を認識することができる。それゆえ、カルヴァンは、「キリストにおいて神を知ることは、われわれが神に信頼を置くことができるための起源であり基礎であるのか（ヨハ一七3）」（『ジュネーヴ教会信仰問答』問一四）という問いにも、肯定的に答える。キリストにおいて神を知ることは、一つの歴史に耳を傾け、それを理解できるようになることだ。それは、罪の奴隷となってしまい、そのために本性が腐敗し、もはや神に向かうための自由意志ももたない人間の歴史だ。

神は、この人間のためにキリスト自身において人間となり、死に、復活し、人間のために生命を獲得することによって、人間に近づき、人間を救い出す。イエス・キリストの意義は後に詳細に説明されよう。さしあたりここでは、示唆するだけに留めてよかろう。

神は、人間の方を向く三位一体の創造者そして救済者として自らを認識させる。ここに聖霊に関するカルヴァンの教説を位置づけることができる。そのため、神認識の教説は、はじめから、聖霊論でもある。そのつどの神認識が聖霊の働きだからだ。とはいえ、カルヴァンの神学全体は、神は自らを父、子、聖霊として認識させる、という根本的な洞察の展開である。

四　われわれは、われわれ自身を認識する

さて、カルヴァンがまだ本当には理解されていないとしても、この節の目的はすでに達成されているだろう。これまで述べられてきたことは、神認識のうちでの一歩にすぎない。まださらに二つのことが欠けている。

一つは、すでにそれとなく示された。つまり、自己認識の歩みだ。カルヴァンによると、われわれが、われわれに注がれた神の愛の前で、われわれ自身について何を認識するのか。「われわれは、われわれの無知、虚栄、困窮、弱さ、要するにわれわれの邪悪と堕落を感じるのである」(『綱要』

I・1・1）――これらはすべて、人間にこの上なく偉大な神の国を追求させる。人間は、神が彼に与えることを決めた生命を、自分自身のもとに見いださない。これこそが人間の罪であり、罪はカルヴァンの場合に道徳的なカテゴリーで理解されてはならない。罪は、神認識へと向かうこの運動の枠内でのみ、またこの運動から知られる。一方で、罪は、人間が自分自身のもとに見いだすことのない豊かさを問うように仕向ける。そして他方で、この上なく偉大な神の恩恵の前で、神の力と愛の前で、人間はますます強烈に自分の貧しさを目の当たりにする。救済者は人間の救済の必要を示し、そして人間の救済の必要は人間に救済を求めさせるのである。

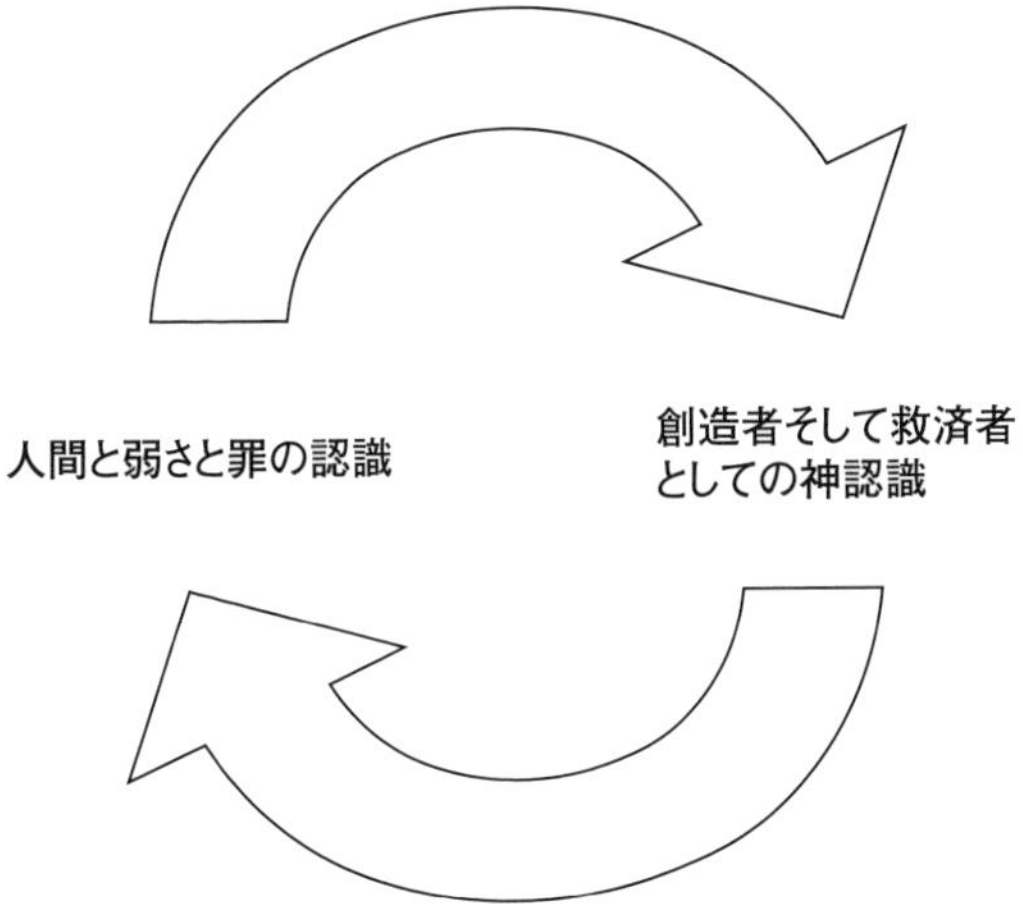

　ここで、カルヴァンにおけるルターとの明白な強調点の相違を見いだすことができるが、対立という言い方はできない。ルターは、彼の神学において律法と福音という順序を強調する。律法が人間に示すことは、彼が律法を満たすこともなく、また満たすこともできないことから、救済を必要とする、ということだ。そ

こで福音が人間に語ることは、神が人間の罪を赦す、ということだ。カルヴァンも、この律法から福音へという順序を承知している。図では上の矢印でこのことが明らかにされる。けれども、これとならんで、カルヴァンには別の運動もある。すなわち、人間の自己認識が神認識の結果だ、ということだ。両方の認識のうちの一つだけで原則的にアプローチすることは、それゆえ、カルヴァンによると、必要なことでも意義深いことでもない。このことが明らかにするのは、こうした運動が各々の男女のキリスト者の生活を形づくっているということである。

五　神に栄誉を帰することとしての神認識と自己認識

第二のまだ触れていない点は、前述の歩みと同時で、カルヴァンにとって典型的な歩みだ。神認識と自己認識の遂行は、カルヴァンの場合、互いに補完的な構成要素だ。それゆえ、前述のように、『ジュネーヴ教会信仰問答』はこれらをまとめ、「ところで、真の、正しい神認識とはどのようなものか。それは、そこにおいて神にふさわしく、神に帰すべき栄誉が示される認識である」(問六)と述べる。人間が、神をその創造と救済の働きにおいて認識し、自分自身を救済を必要とするものとして認識するとき、これは決して、知識が目的であるかのような、認識的な行為ではない。そうではなく、キリスト教的な生が目的であり、この生において人間は神に栄誉を帰する、つまり神に帰すべきものを、神に帰するのである。

それゆえ、認識とならんで、二番目の概念、つまり神の栄誉（honor）がカルヴァンの神学にとって特徴的だ。一〇〇年以上も前とは異なり、いま重要なことは、カルヴァンにおいて頻繁に見いだされるこの概念に、異質の、そしてカルヴァンにそぐわない栄誉のイメージを詰め込まないことだ。人間が神に帰すべき、神に示すべき神の栄誉について、カルヴァンが語るとき、栄誉とは神の栄誉を讃えることを意味する。また他の箇所で、全世界は「神の栄光の劇場」（gloriae suae theatrum）である（『神の永遠の予定について』〔『カルヴァン神学論文集』赤木善光訳、新教出版社、一九六七年、二二九頁〕）、と言われる場合、それによって、神認識と自己認識が栄誉につながるべきこと、それゆえキリスト教的な生は神と人間との間に関係が生起することであることを、明らかにしようとしている。この関係を形成すること、人間が自分の人生の目的を見いだすように、この関係を満たすこと、これこそがカルヴァンの神学の根本的な特徴である。

それゆえ、神認識と自己認識は、それ自体を目的とするのではなく、個々の男女の生、しかしまた、神の共同体の生における正しい形成を目的とする。したがって、カルヴァンは、自分の思想をつぎのようにまとめることができるのである。

「では、いかなる仕方で彼［神］に、正しく栄誉を帰せられるのか。われわれが一切の信頼を神に置くとき。われわれが神の意志に服従することにより、全生活を挙げて神に仕えることに努めるとき。われわれが何かの窮迫に悩ませられるたびごとに、神を呼び求め、神の内に救いを求め、およそ求められうる善きものすべてを神の内に求めるとき。そして最後に、神が一切の善きものの唯一の作者であると、心でも口でも認める場合である」(『ジュネーヴ教会信仰問答』問七)。

第三章　神の言葉の告知としての聖書

正しい神認識と自己認識の場は聖書だ。聖書には、その内容に基づいて、卓越した地位が帰せられる。ここにおいて神はその言葉を伝える。この洞察は聖霊によって引き起こされ、他方、聖霊は聖書においてのみ認識されうる。聖書の二つの部分、つまり旧約聖書と新約聖書は、両方ともに福音を証言する。

一　聖書の権威

カルヴァンは、正しい神認識と自己認識を、生の本来的な意義として規定した。そして彼は、この二つの認識が以下の点にあることもすでに語った。すなわち、神は、創造者そして救済者として認識されねばならず、人間は、自分自身を弱く、罪深い者として認識するということである。

そこでまず問うべきは、どのようにカルヴァンがこうした言明をするにいたったのか、ということだ。確かに、彼は、人間が自らあるいは自然本性から「神に関する感覚」(『綱要』I・13・1)をもっていることを承認する。だが、このことはカルヴァンにとっていかなる結合点でもなく、むしろ、必要なのは聖書であり、これが人間を神認識と自己認識に導くのだ。宗教改革全体に一貫する特徴的なこの言明は、つぎの問いを呼び起こす。ほかでもない、この一つの源泉が、他の認識の手立てと比較して、原則的には、どの程度優先させられるのか。

もちろん、聖書の特別な役割と信用性に関する外的な諸根拠は挙げられる、とカルヴァンは言う。文学的な質、テクストの古さ、預言者の発言などに見られる歴史的な信憑性、そして新約聖書の福音書の深みをもった素朴さも、ここで強調される。聖書自体が辿った歴史も、聖書がもつ高い意義に関する論拠だ――あらゆる試練にもかかわらず、聖書が忘却されることなく、多くの民族の記憶の中に存続し、今日にいたるまで高い文化的な意義をもっているのである(同上I・8)。

けれども、聖書の隔絶した地位と特別な権威にとって、これらの外的な諸根拠は十分ではない。聖書の真の権威は、外部からもたらされるのではなく、聖書自体に基礎づけられる、あるいはもっと正確に言うと、その内容に基礎づけられる。その内容が、聖書をこうした唯一で、他のいかなる文書とも比較できない書物にしているのだ。聖書は、神の人間との契約、創造者そして救済者である神について語る。そして中心となるのが、イエス・キリストにおける神の到来だ。神は、人間の罪にもかかわらず、自らを人間へと向け、実際、聖書が告知するのは、最初から神の人間に対する一方的な契約の歴史なのだ。世界史のただ中にあるこの歴史は、特別なものに他ならない。それゆえ、神認識と自己認識が問題となる場合に、聖書は、聖書自体を指示するというのではなく、そうではなく、聖書は、決定的な案内者であり、われわれの唯一のスカウトなのである。

だが、すぐに別の問いが生じる。というのも、カルヴァンは聖書の比類のない内容についてこのように語り、その内容が聖書を特別な、いや、比類のない書物にするのだが、その場合、同時に、この比類のなさが必ずしもすべての人間に明らかなわけではない、と言われるからだ。聖書の語ることが、現実に生にとって決定的な使信だということが、聖書自体から明白になるわけではない。まさしくこのために、聖霊が自ら人間にこの使信の意義を語ることが必要となる。それゆえ、カルヴァンの出発点は、一方的なコミュニケーションの出来事である。神自らが聖霊において人間に語ることは、聖書において読まれるべきことが、真の神認識と自己認識に達するために、唯一信頼のできる道だ、ということである。

それゆえ、外部から聖書に権威を与えようと試みる根拠のすべては、結局のところ十分ではないことが明確にされる。だとすると、当然、つぎのような問いが立つ。なぜカルヴァンは、これらの根拠（古さ、信憑性、歴史的な影響など）を、そもそも挙げるのか。彼は、外部からの質問に対して聖書を擁護しようとするのか。さらにまた、聖書は、こうしたカルヴァンの論証をそもそも必要とするのか。この二つの問いに対する答えは、きっぱりと「否」である。カルヴァンにこうした根拠を語らせたのは、彼の聖書への愛であると言って間違いはなかろう。それらが聖書に権威を与えるのではない。とはいえ、それらは、彼にとって聖書をさらに価値あるものにする特性であることに変わりはない。これらの特性は、カルヴァンの『綱要』では、以上の説明の順序とは異なり、聖書に関するカルヴァンにとって決定的な発言がなされてはじめて、それに引き続いて語られる。すなわち、聖書の権威は、内容においてのみ根拠をもつ。そして聖霊をとおしてのみ、この認識は人間に与えられる——それゆえ、この認識は、神自身から贈られなければならないのである。

とはいえ、もちろんカルヴァンも、聖書が天から落下してきたのではなく、人間によって書かれたことは承知している。さらに——今日のわれわれが歴史的な研究に基づいて知っているほどに、カルヴァンが知っていたわけではないが——聖書の諸書を正典としてまとめたのは、教会の決定に拠る。だとしたら、聖書はその権威を教会から得ていると言ってはならないのか、つまり、聖書は、その歴史的な生成に基づくと、決して教会と切り離せないと見なされうるのか。それゆえ、今日では、宗教改革で聖書と伝承に関して表明された反対について、聖書自体も初期の教会の伝承の一部であるという理由で、反論が出されることがある。歴史的な点ではカルヴァンも異を唱えないだろう。だが、事実としてはすでに「預言者と使徒の教えが教会の基礎であるならば、その教えは、教会がそもそも存在し始める以前に、権威をもっていなければならない」（同上Ⅰ・７・２）。この「以前に」（ante）は、ここでは第一に事実的な判断だ。というのも、神の働きに関する使信が教会の基礎であり、他方で、使信は神のこの出来事への応答をなしているからだ。聖書が証言する内容は、教会に先立ち――だからこそ教会は、聖書に権威を与えるのではなく、――せいぜい――そこから権威を受け取るのだ。というのも、聖書に権威を与えるのは、その古さではなく、その内容だからである。

二　聖書、神の言葉そしてドクトリナ

カルヴァンは、私がここで聖書の「内容」と呼んだことを、「ドクトリナ」(doctrina) と呼ぶが、この語は「教理」(Lehre) と訳される。このように訳されることは、誤解を招きやすい。というのも、この場合、聖書全体のテクストが教理の総体として理解されるかもしれないからだ。古プロテスタント正統主義は、宗教改革に引き続いて形成され、宗教改革の洞察を確証し、保持することを目指したが、この正統主義において、「教理」がこのように理解される傾向にあった。この場合、聖書全体がそのテクストも含め、神的に啓示された認識として理解された――聖書が人間の言葉でもあるという特徴は、当然、失われる。まったく同じ問題が、聖書に関してカルヴァンも用いることができる「神の言葉」という概念にも認められる。この点では、一七世紀に登場した逐語霊感説が典型的だが、そのようなことをカルヴァンはまだ知るよしもなかった。この教理は、旧約・新約

のすべての書の字句を神の語りと同一視する。結果として、ここでも聖書の人間的な性格が脱落するのである。

カルヴァンはどちらの見解も拒否する。結局、「ドクトリナ」と「神の言葉」という両概念は、カルヴァンにとって同一のことさえも指示している。どちらかと言うならば、「ドクトリナ」は内容を指示し、「神の言葉」は原作者を指示する。つまり、神の言葉は、聖書の使信が神に由来することを、「ドクトリナ」は、その使信が何であるかを語るのだ。

いまこの概念に基づいて形式的に述べられたことは、カルヴァンにおいて内容的にも明確に言い表わされる。一五三六年の『キリスト教綱要』の序文で、カルヴァンは、キリスト教信仰の内容を「神が自らを憐れみ深い父として約束し、他方、キリストが兄弟、執り成し手として認識されること」とまとめることができる。仲保者イエス・キリストにおいて成就され、認識されるべき神の契約が、カルヴァンの神学の中心だ。この場合――このことはすでにあらかじめ語られているが――キリストの出来事は、孤立させられて理解されるべきではなく、また人間の罪の克服としてだけ理解されるべきではない。というのも、「人間の罪は神の働きの地平とは」ならないからだ。[*] むしろ、キリストの到来において三位一体の神が見られるべきである。神の歴史全体は、宇宙も含め――創造、和解、救済――キリストの出来事において頂点に達する。キリストは、聖霊の力によってわれわれを父に執り成す。三つの神的な「位格」の行為は、互いに分離されて理解されてはならない。

カルヴァンは、神的な働きをこのように中心に据えることによって、彼が神について語る場合、神的な存在を第一に考察しているのではない。むしろ、聖書の内容は、イエス・キリストにおいて人間へと向き、人間を神と結びつける神の働きとして理解されうるのである。

それゆえ、カルヴァンが彼の慎重な考察において常に示し、また彼がそれらに依拠する多くの聖書の参照箇所は、文脈と切り離し、「証拠聖句」(dicta probantia)として理解されてはならない。それらは、聖書の内容として見なすべきことを考慮して理解されているのだ。同じことは神の言葉という概念にもあてはまる。カルヴァンは、聖書を全体として神の言葉と呼ぶことはできるが、個々の語を神の言葉と同一視するのではない。むしろ、彼にとって重要なことは、聖書のさまざまな言葉の中に、神の言葉を認識することなのである。

その場合、どうしてもカルヴァンはつぎのように問われる。彼は、聖書を読むための原則を外部から聖書に持ち込んではいないか。とはいえ、ここでカルヴァンが注意を喚起することは、彼がこの内容を聖書それ自体から取り出すということだ。聖書は依然として内容にとっても尺度であることに変わりはなく、単にテクストの集まりではない。それゆえ、カルヴァンは、いわゆる「熱狂主義者」(Schwärmer)にも反対する。この人びとも、彼らとしては、直接的な体験から出発する。カルヴァンが言うところによると、彼らはこの体験を偽って聖霊の働きと称しているのだ。だが、そのため、聖書と霊の緊密な結びつきは根本的に危険に陥る。「聖霊は、聖霊が聖書において告知した真理と固く結びつけられているので、ひとが聖霊の尊厳にふさわしい畏敬と尊敬とをもってその言葉を受け容れるときに、はじめてその力を発揮し、示すのである」（『綱要』Ｉ・９・３）。

ここでカルヴァンにとって円環が閉じる。あるいはもっとうまく言うと、カルヴァンが明確に主張した緊密な結びつきが現われる。つまり、聖書と聖霊は不可分に結びついているのだ。聖霊なしに聖書を理解しようとする者は、人間的な言葉に留まる。また聖書なしに聖霊をもとうとする者は、人間の方に自らを向け、人間を自らと結びつける、神の独自の道から目をそらしているのである。

* Peter Opitz, Calvins theologische Hermeneutik, Neukirchen 1994, 129.

三　旧約聖書と新約聖書の関係について

マルティン・ルターの神学的な根本命題は、「律法と福音」という対概念で記述されうるが、このルターと異なり、カルヴァンは、神の契約を上位概念として据えることから出発する。ルターによると、律法が人間に命じることは、自分自身が救いを必要とすることを認識することだ。というのも、彼は、神のもとに行き、神を満足させるための独自の理性も力もないからだ。ついで福音は、罪過に陥った人間への神の応答だ。キリストにおいて人間の罪は赦され、彼は自由となる。ルターの場合、またルター派の神学の大部分において、自己の経験においても認められうるこの二重の原理が、神学全体を規定する。そしてこのために、ルターには、聖書の二つの部分をこの図式に収める発言もある。旧約聖書は律法を提示し、それによって要求する神を示す。新約聖書は福音を提示し、それによって憐れみ深い神を示すのである。

さて、本書の第一章で述べたカルヴァンの二重の強調点は、同様の仕方で理解することができよう。人間は、自分自身を罪人として認識し、神を人間に慈しみ深い者として認識する。カルヴァンも「律法と福音」について知っていたことは間違いないし、この点でルターから根本的に離れているわけではない。けれども同時に、この対概念は、カルヴァンの場合、神学全体を規定せず、むしろ、神学において全面的に規定された次元なのだ。それゆえに、カルヴァンの場合、〈旧約聖書＝律法〉そして〈新約聖書＝福音〉という分割はない。むしろ、旧約聖書と新約聖書はきめこまやかな関連をもつのである。

カルヴァンは、彼の考察において二つの歩みを進める。第一に彼は、聖書の二つの部分の類似性を示す。すなわち、両者は、来たるべき生に向けられており、神の救済を待望する——旧約聖書はすでに「福音の約束」（『綱要』Ⅱ・10・3）を含んでいるのだ。両者は、神の契約の業によって規定され、それゆえ、神の一方的な憐れみを証言する。さらに両者は、仲保者イエス・キリストについて告知する——それゆえ、キリストの認識をもつということは、ユダヤ人にもあてはまる。「キリストについての知識を、あえてユダヤ人に否定する者がいるだろうか、神の契約の唯一の基礎がキリストであるのに」(同上Ⅱ・10・4)。

カルヴァンは両者の間にいくつかの相違も見るが、しかし、それらは前述の一致を危うくするものではない。というのも、カルヴァンの挙げる相違は、原則としてつぎの根本的な考えに帰するからだ。すなわち、新約聖書においては、旧約聖書で不明瞭ないしおぼろげに認識されることが、明確に認識される、ということだ。旧約聖書は「本体の代わりに影を示すが、これに対して新約聖書は、現存する真理と実在する本体を明らかにするのである」(同上Ⅱ・11・4)。

結局、旧約聖書と新約聖書は、神が人間に結んだキリストの契約の証言なのだ。このことはまさしく、神の契約が「律法と福音」という図式の上位にある、ということを意味する。カルヴァンは、この契約を「ドクトリナ」そして神の言葉と言い換えることもでき、その内容を、神が人間の方を向き、人間が神と結びつくことと述べるが、それは、聖書において、聖書においてのみ認識されうる。それゆえ「神へと……到達したいと思う者は、聖書を導き手、教師としなければならないのである」(同上Ⅰ・6表題)。

第四章　三位一体の神の本質と働き

カルヴァンにとって、神は常にすでに三位一体の神である。というのも、神が自らをそのようなものとして示したからであり、また聖書が神をそのように証言するからだ。その場合、この逆説を概念において把握するいかなる試みも、結局は不可能である――とはいえ、不可欠ではある。この点でカルヴァンに特徴的なことは、父も子も聖霊もそれぞれ完全に神だが、しかしまた、それらは各々の活動の仕方において相互に区別されうる、ということである。

一　神はいかなる類概念でもない

第二章が、カルヴァンの神学的な努力すべての目標、つまり神と自己自身を認識することを提示し、第三章は、このことが見いだされる場、つまり聖書を取り上げたので、当然つぎに考察すべきことは、カルヴァンの神認識が根本的にはどこにあるのか、ということだ。だとすると、神とは誰か、聖書は神について何を証言しているのか。

カルヴァンによれば、聖書は、神の働きと本質を、三位一体の三位格から切り離さずに語る。つまり、神の「本質」について、父、子、聖霊の働きと切り離して語られることは本来的に不可能であり、それゆえ、いかなる上位の神概念もありえない、ということだ。「神」という類は存在しない。もしひとが三位格から切り離して神について語ろうとすると、「せいぜい、真の神と無関係な、神についての無用な名が頭の中を飛び回るだけだ」(『綱要』I・13・2)。——つまり、神という語は、決して上位の類概念ではなく、何らかのより具体的な出来事をとおして豊かにされうるような概念なのである。

そこで、カルヴァンは『キリスト教綱要』においても、彼の神論の最初で三位一体を取り扱う。この三位一体論に与えられる高い位置は、カルヴァンにとって、さまざまな論争によってしだいに明確になってきた。特に、ミカエル・セルヴェトゥスおよびピエール・カロリ(ペトルス・カロルス)との対決によって、彼にとって三位一体の教理はますます重要になる。* そのさい、カルヴァンは、三位一体論が、そのままでは聖書に含まれていないこと、聖書から展開されていることを知っている——そして同時に、三位一体論が不可欠であることも知っている。けれども、三位一体論が聖書から直接的に引き出されないので、三位一体論で用いられる「位格」「存在の仕方」「ヒュポスタシス」「実体」もしくは「本質」といった諸概念は、常に、人間による神的な現実の不完全な再現でしかない——あらゆる概念は「このような偉大な問題を論ずるには人間の言葉が貧困であるため、強いて用いられるのであり、神が何であるかを提示することはなく、そうではなく、どのように父、子そして聖霊が三であるのかについて、沈黙するのではないというだけのことなのである」（同上Ⅰ・13・5）——このようにカルヴァンは、教父アウグスティヌスの『三位一体』（第七巻第四章七）に触れて述べる。

とはいえ、カルヴァンは、前記の概念の神学的な適合性には限界があるという認識から、決して三位一体論が相対的だという結論を導き出さない。というのも、神の三一性の教理に関する代替案は、聖書の理解を逆さまに歪曲する、きわめて問題のある一面的なものだからだ。ここで指摘されるべき一つは、いわゆる様態論（Modalismus）だ。すなわち、父、子、聖霊が一なる神の現われ方にすぎず、したがって、一なる神は三位格には現われず、その背後にいる、とするものだ。この場合だと、三位格のどれも神ではないことになろう。もう一つは三神論（Tritheismus）の危険だ。つまり、神の一性がもはや明確にならなくなる場合である。

この二つの根本的な一面性がカルヴァンにおいて問題として理解され、カルヴァンの三位一体論はこれらに取り組む。そこで私は、カルヴァンと共につぎのような問いを立てることにする。

「父も子も聖霊も、それぞれ神として示されうるのか」。

「神の一性から出発する場合でも、父と子と聖霊は、どの程度区別されうるのか」。

＊本書は、カルヴァンの神学入門であるため、ここではセルヴェトゥス裁判におけるカルヴァンの役割を細かく再検討することはできない。

二　父も子も聖霊も、それぞれ神として示されうるのか

この議論において、父が神であることが主題とされたことはなかったから、カルヴァンもそれは問題にしない。むしろ彼が『キリスト教綱要』で順々に問うていくのは、神の子そして聖霊について、神として語られうるのか、という問いである。

子の神性に関して、カルヴァンにとって聖書の重要な箇所として役に立つのは、イエス・キリストが神の受肉した言葉である、というヨハネによる福音書の冒頭（一章1、14節）だ。キリスト教信仰にとって中心的なこの出発点は、カルヴァンにとって、子の神性に関して旧約聖書も調べるための根拠だ。イエス・キリストは神の言葉であるから、旧約聖書における言葉による出来事全体も特別なことと見なされるべきなのだ。それゆえ、カルヴァンは、神の言葉の形式的な概念から出発するのではなく、これを内容的に満たされたものと見なす。新約聖書は、キリストを創造の仲介者として証言する――創造の始めに、神が語ると言われる場合、それはカルヴァンにとって、子が働いたことを雄弁に言い表わしているのだ。霊という手段で、預言者たちに与えられた啓示は、子

であるところの神の言葉に由来する。新約聖書では、キリストの神性に関して「数えきれない証言が溢れ出る」(『綱要』I・13・11)。ここにカルヴァンは二重の形の指示を認める。すなわち一方は、キリストがたびたび明白に神と呼ばれていること(この場合、カルヴァンが指しているのは、特にヨハネによる福音書そして新約聖書の諸書簡だ)、他方は、イエス・キリストの業であり、それらは新約聖書において、キリストが神であることを証言する。われわれは、キリスト論に関連して、カルヴァンがキリストの位格と業の関連をどれほど重視しているのかを、いわゆるキリストの職務論で詳細に見ることになろう。

聖霊の神性は、旧約聖書と新約聖書におけるさまざまな発言を参照することによっても証明される。ここでカルヴァンは、霊が預言者を遣わすこと、「その力を万物に注ぎ、それによってすべての事物に存在、生命そして運動を与え」(同上I・13・14)、あらゆる通常の成長と繁栄を凌駕する再生を贈ることを強調する——霊は明白に生みの親と見なされている。さらにまた、霊の神性を明白に述べる聖書の発言は数多くある。

それゆえ、第一の問いに対する答えははっきりしている。然り、子も霊も——当然父も——神なのだ。しかも、始めから、永遠から。カルヴァンの論証は明快だ。彼の唯一の権威は、ここでは聖書の証言だ。そして旧約と新約の聖書が、カルヴァンにとっては一体であるから、彼は、子の神性と霊の神性が旧約聖書においてもすでに示されていると見なすのだ——もちろん、新約聖書よりはぼんやりとしており、明確ではないが。それゆえ、カルヴァンにとって、イエス・キリストの到来を抜きにして、旧約聖書に注目することなどは考えられえないのである。

三　神の一性から出発する場合でも、父と子と聖霊は、どの程度区別されうるのか

カルヴァンが神の一性から出発することには異論の余地がない。けれども、同時にカルヴァンは、三位格のあいだに区別があること――この区別を彼は特性（proprietates）と呼ぶ――を強調する。カルヴァンによると、父には「働きの始原が帰せられ、父はすべての事物の源泉、噴泉であり、子には知恵、計画そして秩序に沿った配剤が、霊には力と行為の実現が帰せられる」（『綱要』Ⅰ・13・18）。ここで始原、知恵、力という三つの概念は区別を説明するが、この区別は決して隔離ないし分離と理解されるべきではない。けれども、単に外部への任務の割り当てと見なされるべきでなく、むしろ、父、子、霊が相互的に存在する諸関係を指示する。カルヴァンの三位一体論は、まさしく父、子、霊がそれぞれに特有の関係において相互的に存在することから、アウグスティヌスに依拠しており、関係的な三位一体論としても理解される。子は父ではなく、その逆もないから、父と不可逆の関係にある。霊は、父と子とから発し、それゆえ父の霊であり子の霊である。これら

の諸関係において、神は永遠から生きている——それゆえ、三位格は、すでに創造以前に現存し、被造的な時間を超えて存続するのである。

原理的にカルヴァンは、神における三位格すべてを同等とみなす。父であっても、上位に置かれることはなく、それゆえ、子と霊よりも「高い」わけではない。ただ父と子ないし父と霊という関係内部においてだけ、父の位置づけが存在するが、それは評価づけとも優先づけとも理解されるべきではない。こういうわけで、カルヴァンは、聖書が——旧約聖書においても——神について語る箇所で、常に三位一体の神、つまり父と子と聖霊が活動していると見なす。このことは、創造にも関係するが、しかし、救済と来たるべき新しい世界にも関係する。教会もまた、三位一体の神が共同して、そこで働くことによって生きる。すなわち、「父なる神の仁愛と聖霊の効力をとおして、キリストとの交わりに入ったすべてのひとが」（同上Ⅳ・1・3）そこに属するのである。

四　神が隠れていることと神が近いことの表われとしての三位一体論

教会の伝統が三位一体論のために練り上げ、カルヴァンも使用した諸概念は、今日のわれわれにとって、三位一体論を必ずしも容易に理解させるとはいえない。このことは、根本的には古い時代においても同様だったので、カルヴァンもこれらの諸概念が担うことのできる能力の限界を指摘する。カルヴァンが「存在の仕方」(Seinsweise、オットー・ヴェーバーはラテン語の subsistentia、ギリシア語の hypostasis をこう訳す)ということを言うとき、その意味は、三位格それぞれに一なる神の全体がひそんでいる、ということだ。もしかするとカルヴァンがやや無邪気すぎるくらいに使用した「ペルソナ(位格)」(persona=prosōpon)という概念は、ギリシア語を話す神学者たちのあいだでは使用がためらわれたかもしれない。というのも、そこでは、ペルソナという語が戯曲の中で割り当てられた「役」(ペルソナは仮面を意味する)を演じる、という意味も伴ったからだ――そうだとすると、三位格は三つの扮装にすぎなくなる。今日のわれわれが理解する場合、むしろ別の問題が生じる。ペルソナとは人格・個性(Persönlichkeit)と同じだからだ――この場合、われわれは、三位格という概念で一なる神を考えることが、ほとんどできないのである。

教会の歴史において、三位一体の支障を回避するための試みは、しばしばなされた。たいていの場合、このことが生じるのは、ひとが本来の意味での神という語で父だけを理解し、子と霊は父に従属させられたからだ。ひとがしばしば疑問を抱いたのは、三つの現われ方の背後に、一なるまったく未知の、もしかするとまったく他なる神を聞き分けるべきではないか、ということだったのである。

とはいえ、カルヴァンは、この単純化を許すこともできないし、許そうともしない。いかなる単純化も、われわれにとって困難な思考、つまり一なる神が三位格において存在し、三位格の各々に

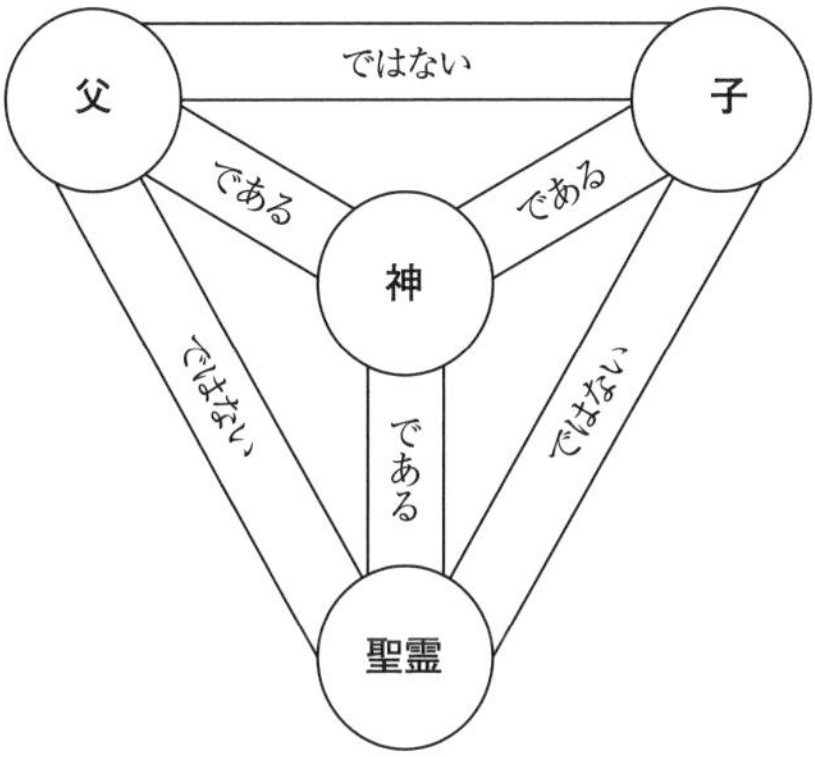

この図は、三位一体の盾ないし信仰の盾（scutum fidei）と呼ばれる。これは、三位一体に関する西欧の基本的な理解を表わしており、要点は11世紀のカンタベリーのアンセルムスに遡る。この図の多くがアングロ・サクソンの地域で見いだされるのも、おそらくは、このためだろう。

一なる神が完全に存在する、という思考を回避するからだ。それはそうとして、カルヴァンの三位一体論の理解は、根本的には独自のものではなかった。彼は、典型的な三位一体論の神学を徹底的に考え抜く。それゆえ、明らかにカルヴァン以前にあった図式が、カルヴァン自身の認識を明確化することも、不思議ではない。

オランダの神学者アリー・バールス（Arie Baars）は、カルヴァンの三位一体論に関する詳細な研究に『神が隠れていることと神が近いこと』（Gottes Verborgenheit und Gottes Nähe）という表題を与えた。この二つの次元がカルヴァンにとって重要だ。神は、われわれの諸概念では把握できない。それらは神を記述しようとする試みにすぎない——三位一体論は神が隠れていることを指示する。けれども、三位一体論は神が近いことも表現する。それは、神の世界における、また世界への働きに対する反応、応答だからである。

第五章　神の創造者の働きに対する驚嘆

神は救済において人間に創造への新しい通路を提供する。すなわち、人間は、そこで神の活動を再発見し、そこにおいて神に驚嘆し、自分自身の持ち場と任務を覚悟する。というのも、創造の神学は、始めに関わるのではなく、何よりも現在の神の配慮に関わるからである。

一　創造における神の足跡と曇らされた目

三位一体論は、神が隠れていることと神の慈愛、つまり神が全世界の方を向いていることを示す。したがって、これに続くわれわれのテーマは「創造」となる。というのも、カルヴァンの創造に関する言明の主旋律は、彼が三位一体の神の世界における働きに驚嘆していることにあるからだ。世界は神の栄誉に満ちており、そのいたるところに神的な働きの足跡が現存する——全被造物がその創造者への讃美を歌っているのだ。世界が自己自身に依存しているなどということはなく、神の活動に由来し、規定されているという認識をとおして、創造を認める人間は、神への賞讃の念もますます強めなければならない。それゆえに、カルヴァンは、全被造物に関する彼の理解を、有名な「世界は神の栄光の劇場である」(mundus theatrum gloriae dei) という言葉で記すことができるのだ。このことを認識し、語る人間は、被造物の一部としての自己自身が、つぎのような動きに組み入れられていると見なす。すなわち、この私も神によって創られ、神の栄誉へと呼び出されている、ということだ。カルヴァンにとって、創造に関して距離を置いた考察などまったくありえないのである。

「神についての知識は、世界の創造と世界の持続的な統治から、われわれに明白である」(『綱要』I・5)。『キリスト教綱要』第一篇の第五章全体に記されたこの命題は、神の創造と神が世界に同伴していることが人間に明白であることを示唆する。この表現に基づいてたびたび推論されてきたことは、この背後にいわゆる「自然的な神認識」が隠れているのではないか、ということだ。人間は、自然観察またはこの世界の諸現象の知覚をとおして、たとえ完全ではなくとも、しかし、ともかく神に関する入手可能な認識に達することができるのではないか、ということだ。もちろん、この考えはカルヴァンの論証からかけ離れている。というのも、神が創造において、この世界に客観的な足跡を残し、それゆえ、神の働きが輝いているとカルヴァンが語る場合、ただちに彼は、ここで誤った思弁を阻止するための第二歩を踏み出すからだ。「しかしながら、主がわれわれに自分自身とその永遠の国を、彼の業である鏡において、どれほど明白に見せるにしても、われわれは、あまりにも愚鈍であるために、このように明白な証言に対して常に盲目のままにとどまり、それらがわれわれに益となることはないのである」（同上Ⅰ・5・11）。

それゆえ、カルヴァンはここで、二重の見解をもっている。一方で、神はこの世界を創造しただけでなく、この世界全体が神自身への暗示に満ちている――世界は神の栄光を映し出す鏡だ。神はその足跡をこの世界に残したのだ。神はこの世界において認識されうるのだ。しかし――確かに、ことはそう単純ではない。というのも、たとえ世界が神の足跡に満ちているとしても、人間が自分を取り囲む世界において神自身を認識することは、自力ではまったくできないからだ。罪人としての人間は、この世界における神の全証言を認識することができない。すなわち、人間がこの世界における神的な証言に基づいて創造者を認識し、その結果、創造者を讃美するという神の目的が、達成されることはないだろう。神の「客観的な」足跡にもかかわらず、人間は、これを「主観的に」は知覚することができない。彼自身の認識能力は、自分の罪によって曇らされているだけでなく、まったくないからだ。「創造者の栄光を表わすために世界という建物の中におかれた燃え盛る松明は、いたずらにわれわれを照らすだけなのである」（同上Ⅰ・5・14）。

二　福音における被造物への道

しかし、ここでカルヴァンにとって重要なことは、このために、世界における神の認識に関する彼の考察が終わらなかった、ということだ。むしろ、今こそカルヴァン本来の発言がなされる。というのも、たとえ人間は自力で神的な足跡を認識できないとしても（彼には「それを見る目が欠けている」『綱要』Ⅰ・5・14）、それでも、信仰の賜物が目的とするのは、この世界における神の活動を認識し、讃美することだからだ。それゆえ、カルヴァンは、われわれがこの世界における神の活動を認識できないという、否定的な発言に留まってはいない。むしろ、イエス・キリストの到来において人間に分け与えられる救済から発する、新しい光が被造物に差し込む――今や、この光を見る目をもつ者のために被造物を照らし始める。照らされた目にとって、被造物は「神の栄光の劇場」なのである。

それゆえ、創世記冒頭の創造物語に関する解釈におけるカルヴァンの簡潔な序説も、この基本方針から明らかになる。彼が根本的に見ているのは、彼が世界に対する態度として問題があると考えた、二つの偏った見解だ。一つは、ひとが「精神の全力を挙げて自然の探求を促進し、そのさいに神を忘却することだ」（『創世記註解』梗概）。世界それ自体は、世界が神的な次元に関して含んでいることを、簡単には認識させず、それゆえに、あらゆる神認識を無視しても自然の探求を促進することができる。神学的に見ると、これは確かに現実の限定された知覚にすぎないが、信仰の眼差しがなければ、実際そうなることも仕方あるまい。もう一つの偏った見解を、カルヴァンはつぎの点にあると見なす。すなわち、被造物を除外して神を所有しようと欲すること、つまり「不健全な愚かしい好奇心で、神の純粋な存在を探求しようとすること、そしてそのさいに、創造者の業を視野に入れないことだ」(同上梗概)。カルヴァンの方針は、世界と神が互いに切り離しえないことを明らかにする。そして、ここから彼にとって非常に特徴的な、キリスト者の世界への好意が生じるのである。

だが、いったいどのようにして、神が世界の創造者である、という認識にいたるのか。聖書なしにはできない。「まさしく、主は、被造物をとおしてわれわれを自らのもとに呼び寄せたが、成功しなかったので、……さらにまた別の助けをわれわれに贈った。聖書をとおしてわれわれを導くのである……」(同上梗概)。

ここで、興味深いことは、すでに右で示された方針が、カルヴァンにとって重要だということだ。大切なことは、人間が福音によって神へと呼び出されていること――それゆえ、神認識は世界からではなく、福音においてなされるということだけではない。そうではなく、むしろ、神の認識における二番目のことが重要だ。福音において被造物への道が生じるのだ。それゆえ、カルヴァンは要約してつぎのように言うことができる。「創造された諸事物の世界は、誰をも神へと導くことはない。それゆえ、ひとは結論しなければならない。この世界の諸要素が端緒となるのではなく、キリストとその十字架をわれわれに告知し、彼のもとにつなぎとめる福音が端緒となるのだ」（同上梗概）。だが、端緒にすぎない。というのも、カルヴァンがこの世界からの神認識の可能性を過大評価することはないから、この世界のことに伸び伸びと専念することができるのだ。このようなふるまいにおいて、彼はモーセも同じ道を辿っていると見なすのである。

すでに、カルヴァンの時代には、自然学的な観察に基づいて、自然学的な認識が聖書の創造物語で語られていることと一致しないことは、認められていた。そこでカルヴァンは、つぎのように結論する。

「私がすでに力説したことは、モーセは決して自然学を促進しようとはしない、ということだ。研究者たちはわれわれに豊富な根拠を持ち出して、土星は、遠く離れているためにきわめて小さく見えるが、大きさでは月を凌駕していることを証明する。ひとは相違をきちんと記憶にとどめるべきだ。モーセは、学問や教養がなくても誰もが彼の言うことを理解できるように、素朴な形で記した。［……］天体の世界の研究は、喜びであるだけでなく、大きな価値をもつ。神の驚嘆すべき知恵は、実際、こうした学問によってわれわれに明らかになる。大胆な研究者たちは当然高い賞讃を得ており、余暇とそのための力量をもつ者は、この領域で活躍するだろう。〔……〕とにかく、実際のところ、土星は、肉眼ではそう見えなくとも、月よりも大きいだろう。以下のことはモーセの考察の仕方にとって基準である。彼にとって重要なことは、諸事物がわれわれにとって何を意味するかということなのだ」（同上一章16節）。

これによって聖書の冒頭の創造物語に場所が指定される。カルヴァンによると、この物語にとって重要なことは自然学的な鑑定書ではなく、被造物の一部として生きる人間を二つのことに導くその意図だ。すなわち、「神の驚嘆すべき業」への驚きと「畏敬に満ちた礼拝」の務めである（同上梗概）。カルヴァンによると創造についての考察は、常にこの二つの方針で見られるべきであり、今日も同様だ——そして、それゆえに、聖書の冒頭の創造物語も正しく理解されるならば世界の成立について教えるためのものではないことは、その時々の読者にとって明白だ。したがって、創造に関する認識は簡潔につぎのようになる。すなわち、神のすばらしい働きに関する驚嘆とキリスト者として生きるという使命に加わることである。

1. Jauchzt, Erde, jauchzet überall!　大地よ、至るところで歓喜の声を挙げよ！
Erhebt den HERRN mit frohem Schall!　喜びの響きで主を高く挙げよ！

Kommt, tretet vor sein Angesicht,
dient ihm erfreut in seinem Licht !

その御顔の前に、来たり、歩み入れ、
その御光の中で、主に仕えよ！

2. Erkennt den HERRN, nur er ist Gott.
Er schuf uns, er ist unser Gott.
Wir sind sein Volk, das auf ihn hört,
sind Schafe, die er führt und nährt.

主を知れ、主のみが神。
主は私たちを創られた、主は私たちの神。
私たちは主の民、主の言葉に耳を傾ける、
私たちは主の羊、主は私たちを導き養う。

3. Geht froh zu seinen Toren ein !
Im Vorhof wird euch Gott erfreun.
Lobt ihn in seinem Heiligtum,
sein Name sei stets euer Ruhm.

喜んで、その門の内に入れ！
前庭であなた方は神を喜ぶ。
その聖性において主を讃美せよ、
主の御名が常にあなた方の誉れとなるように。

4. Denn ewig gnädig ist der HERR,
und niemand ist so gut wie er,
und Kind und Kindeskind erfährt,

主は永遠に慈しみ深く、
主ほどに善い方はいない、
そして子も、またその子も経験する、

daß seine Wahrheit ewig währt.
主の真理は永遠に変わることがないことを。
(Psalm 105 des Reimpsalters, Text von Matthias Jorissen)

創造論は、このように人間と共に神の救済史に埋め込まれ、それゆえに、キリストからも決して切り離されない。いやそれ以上に救済は、地上的な事柄を超える約束を意味し、永遠の生命に入ることを指示する。

「というのも、地の産物が日々われわれの生命を養うのではなく、キリスト自身が永遠の生命のために自らをわれわれに提供するからだ。いかなる天も太陽と星によって肉眼に明らかにすることはなく、世界の光、義の太陽であるキリストが、われわれの心に照り輝くのである」(同上梗概)。

それゆえ、カルヴァンにとって創造の認識に関する三つの歩みが明らかとなる。第一に、神が創造において自分自身を明らかにする。第二に、人間は自分の罪のゆえにこの神の足跡を認識することができない。そして第三に、神は救済において人間に、キリストをとおし、キリストにおいて、創造における神の足跡への新しい通路を提供する。人間はそこにおいて再び神の活動を発見し、そこにおいて神に驚嘆し、そして自分自身の持ち場と任務を覚悟するのである。

三　創造の神学の輪郭

むろん、創造へのこの新しい通路は、自然観察をとおしてではなく、聖書の証言をとおしてのみ獲得される。とはいえ、聖書の証言は神の被造物と創造行為について何を教えるのか。

(1)世界を創造したのは、三位一体の神自身だ。確かに、カルヴァンは、きわめて慎重に三位一体の三つの位格の「責任分担」に取り組む。「父には働きの始原が帰せられ、父はすべての事物の源泉、噴泉であり、子には知恵、計画そして秩序に沿った配剤が、霊には力と行為の実現が帰せられる」（『綱要』Ⅰ・13・18）。しかし、これらのことは切り離されるべきではない。イエス・キリストの創造の仲介者に関する教説も聖霊の創造行為の教説も（創り主である霊 Creator Spiritus）、カルヴァンにとっては重要だからだ。まさしく、（キリストから切り離されるべきではない）聖霊の活動は、いくつかの新しい研究が示したように、カルヴァンが特に強調したことである。

(2)三位一体の神の活動への信頼において、カルヴァンは、彼が世界に見いだす構造も、神的な秩序と呼ぶことができる。それゆえ、カルヴァンはつぎのように記す。神の力は計り知れない。

「神は、天と地の測りがたい重みを、その言葉によって支えることができるかと思うと、今度は目配せするだけで稲妻の轟によって天を震撼させ、焼き尽くす電光によって大気を満たし、天候をかき乱すやいなや、突如その意のままに晴れ渡らせるのである」（同上Ⅰ・5・6）。

これは、現代人の耳にはおそらくナイーヴに響くだろう。カルヴァンは、ここで自然学的に説明可能な諸現象に、神学的な意味を与えすぎているように見えるからだ。けれども、自然の事柄から神を推測しようとするあらゆる神学と異なっている点は、カルヴァンの場合には、神によって創られた世界の内にまさしく神を再認識することなのである。

⑶それゆえ、カルヴァンの場合、摂理論もまた創造論から切り離すことができない。世界を創造した者は、また世界を保持する。「神の栄光、創造の根本的動機は、摂理論においてその最高の輝きを獲得する」*。カルヴァンの創造論は、第一に世界の由来ではなく、神の働きを強調する。「目下のところ、神がただ一度きり、一瞬でその業をもたらした創造者とするなら、冷ややかで無意味な見解であろう」（『綱要』Ⅰ・16・1）。では、神は自分の世界をどのように統治するのか。ここで興味深いことは、カルヴァンが「一般的な摂理」（providentia generalis）と「個別的な摂理」（providentia specialis）を区別していることだ。そしてほとんどそれ以上に興味深いことは、個別的な摂理がカルヴァンにとってより明晰で誤解の余地がないことである。

(4)教会に関する神の配慮は特別な仕方で語られうる。というのも「神は、教会を住まいとして選んだのだから、疑いなく教会を導くことにおいて、特別な証言をとおして、その父としての配慮を示すからである」(同上I・17・6)。宗教改革の始まりにおいてだけでなく、試練の中にある教会は、自分自身の内に存立の保証を見いだすことができない以上、この確証に強く頼らざるをえない。神が教会を統治しているという事実は、カルヴァンの確固とした出発点だ。しかし、教会全体だけが三位一体の神に導かれているのではない。個々人の生、いや動物の生も神の庇護の下にある。『ハイデルベルク信仰問答』第一問に取り入れられたマタイによる福音書一〇章30節の有名な言葉は、カルヴァンによっても強調される。「神の意志がなければ髪の毛の一本もわれわれの頭から落ちることができないとすれば、いったいわれわれは他に何を望むだろうか」(『綱要』I・17・6)。自らの被造物に同伴し配慮する働きをカルヴァンは、一般的な摂理においても、神が世界を支配し、統治するという点から見る。そのさい、たとえば自然法則も統治に含められるが、それが神の働きと同一視されることはありえないだろう――そうだったとしたら、それは再び神の働きを逆推理することになり、それはカルヴァンが受け容れることができないことである。

(5)被造物に対する神の配慮に満ちた同伴と保持への信頼は、ストア派の運命信仰と同一視されるべきでもない。というのも、そうだとしたら、地上の人間が認識できないことに、神的な意味が与えられることになろう。この世界で起きる事柄の諸関連と根拠は、人間によって探究されえない。

それらは偶然とすら理解されうる。「けれども、出来事の秩序、原因、目的そして必然性は、大部分が神の決定の内に隠されているために、人間の認識によっては把握できないから、実際にはまったく確実に神の意志から生じることが、われわれにとってはいわば偶然的なのである」（同上I・16・9）。したがって、われわれはこの世界における経験から直接的に神の働きを推測することはできないのである。

(6)むしろ、話は逆かもしれない。この世界においては多くのことが、暗澹とした経験、苦悩と死に遭遇して、無意味なことのように思われる。だからといって、ここに後から意味の解釈を導入することは、キリスト教信仰の課題でもない。むしろ、神の摂理に関するカルヴァンの努力全体は、その目的と目標を人間の慰めと希望を強固にするという点にもっている。摂理論は決して世界の説明ではなく、神の讃美に奉仕する。われわれは、この世界における神の活動を推測するのではなく、聖書に証言されたイエス・キリストにおける神の慈しみに基づいて、被造物に対する神の誠実に安心して依り頼むのである。「われわれの人生を包囲するわざわいは数知れず、そこには絶えず死が待ち伏せている」（同上I・17・10）。それゆえに、カルヴァンは、まったく牧会的に「摂理を認めないことは悲惨の極みだが、それについての知識は最高の幸福だ」（同上I・17・11）と続ける――摂理についての教説は、カルヴァンにとって真の慰めであり、偽りの慰めではない。

(7)というのも、慰めは受動性ではなく、活動性に直結するからだ。カルヴァンの神学全体を刻印するのは、人間にさまざまな戒めを与えた方は、この世界を放置することはないから、人間がキリスト者として生きるべきであり、生きることができる、ということだ。聖化と倫理の全体的な関連はここから明らかにされる。カルヴァンにとって律法の本来の意味、最も重要な意味は、文字通りの意味、つまり、成就を目指すということだ（律法の理解については本書第七章を参照）。この生において、人間はイエス・キリストに信従して生き、成長すべきなのである。

(8)だが最後に、被造物に神が同伴する目標は、現世には見いだされえない。神の摂理の行為すべては「より大いなるものの序幕にすぎないと見なされるべきであり、それらの顕現と除幕は、つぎの生まで延期されているのだ」（同上I・5・10）。さらにカルヴァンは、コリントの信徒への手紙一の一五章の註解において、つぎのように述べる。「実際、天における天使たちの支配権も、教会の聖職者たちもなくなるだろう。というのも、その時には、もはや天使も人間も介することなく、神自身が自ら支配することを望むからである」（『コリントの信徒への手紙一註解』一五章24節）。

* Christian Link, Schöpfung. Schöpfungstheologie in reformatorischer Tradition (Handbuch Systematischer Theologie 7/1), Gütersloh 1991, 157.

第六章　罪——人間の神からの疎外および自己自身からの疎外

罪の認識は生涯にわたる過程だ。カルヴァンは、罪を神からの疎外、そして自己自身からの疎外として理解する。そのさい重要なことは、アダムとキリストの対照だ。つまり、人間は、アダムにおいて自らを罪人として認識し、他方、キリストにおいて義人として認識する。両者が全体としての人間の姿だ。人間はキリストにおいて家に連れ帰らされる。それによって彼は、神の元へと立ち返るが、そこにおいて自己自身にも立ち返るのである。

一　不信としての罪が神からの疎外である

最初の章では、人間の認識そして神の認識が主題だった。そして人間の自己認識は、カルヴァンの場合、とりわけ罪の認識を本質とする。「われわれは、われわれの無知、うぬぼれ、貧困、弱さ、悪意、堕落を知るのである」（『綱要』Ⅰ・１・１）。これが最終決定ではないということを、われわれはこれまでの章で見てきた。つまり、カルヴァンにおいて中心にあるのは、罪の認識ではなく、神が人間の方を向いていることの強調である。けれども、罪の認識は神認識の不可欠の構成要素だ。前者は後者に先行するとともに、後者から明らかとなる。両者は互いに織り合わされた過程として記述されうるのである。

このことは、カルヴァンの『キリスト教綱要』の構成にすでに認められる。カルヴァンは、最初に自己認識と神認識について語り、ごく簡潔に自己認識から始めるが、これは本質的に罪の認識を意味する。だが第一篇のその先の記述で続くのは、カルヴァンが聖書から取り出すとおり、正しい神認識の詳述だ。さらに、キリストの意義が省察される第二篇になって、ようやくカルヴァンは、罪について詳細に語ることになる。だがその後で、キリストの到来が意味することを、はるかに詳細に説明する。カルヴァンは罪をそれだけで語ることができないのである。

しかし、このことは、カルヴァンが罪の中身を語るときに、さらに明確になる。カルヴァンがさまざまな箇所で繰り返し用いる概念は「疎外」(alienatio)だ。アダムに関してカルヴァンはつぎのように表現する。「アダムの霊的な生命の本質は、彼が自分の創造者と結びつけられ、つながれていたことにあったように、創造者からの疎外は、霊魂の腐敗を意味する」(同上Ⅱ・1・5)。疎外は関係を示す語だ。罪が意味することは、神が人間にとって疎遠になったということだ。だからといって、罪は経験的に確定されるものでもない。罪に関する客観的な尺度はないからだ。むしろ罪は、神と人間との関係の内部でのみ認識され、記述されうるのであり、その関係から切り離されない。このことは神的な律法の理解に関しても、いくつかのことを意味する。確かに、カルヴァンは聖書の神的な戒めを第一に遵守すべきものと理解する――このことは戒めにとって本来的で本質的な内容であり、これを強調する点でカルヴァンはマルティン・ルターと異なっている。しかし、彼は、聖書の戒めが罪を確認させる特質をもつという点で、ルターと一致する。それは人間に彼の罪を明らかにする。ただし、それが神の戒めである以上、神が人間に期待することの不履行が明らかとなり、神と人間との関係中断も明らかとなる。

では罪はどこから来るのか。なぜ人間は罪人なのか。この問いに答えるために、カルヴァンは最初の人間であるアダムを指示する。今日のわれわれが考えるのとは異なり、カルヴァンはまだ聖書の最初の章の歴史的な確実性を前提として出発する。しかし、カルヴァンの強調点は――すでに見たように――史実性ではなく、意味にある。決定的なことは、アダムについて、なぜ彼が罪を犯したのかが、まずもって問われていないことだ。カルヴァンにとって決定的なことは、人間自身が自分をアダムにおいて再認識すること、すなわち、アダムが罪を犯したように、私もまた罪を犯すということなのだ。私は、私自身がどのようであるかを、彼のうちに見るのである。

アダムはいったい何をしたのか。彼は、信じなかったがゆえに、不従順だった。「それゆえ、不信（infidelitas）が離反の根源である」（同上Ⅱ・1・4）。アダムが禁じられた木の実を食べたことそれ自体が問題なのではなく、不従順へと導いた不信が問題なのだ。さらにそこから「不遜と傲慢が生じ、ついで、それらに忘恩が加わる。というのも、実際、アダムは、彼に許されたこと以上のことを欲することにより、神が彼に分け与えた豊かな寛大さを、恥ずかしくも軽蔑したからである」（同上Ⅱ・1・4）。アダムの罪は、自分に与えられることになっていた神との関係を軽蔑したことであり、これが不信だ。罪とは、神の寛大さに対する恥ずべき軽蔑だ。この寛大さにおいてどの罪人も再び立ち直ることができるのだ。けれども、アダムとの同一化はさらに進む。というのも、アダムの行動は、彼にとってさまざまな帰結をもたらすからだ。アダムは「自分の神的、天的な栄光を」（『創世記註解』三章19節）喪失したが、人間は本来このために神によって創造されたのだ。被造物における人間のこの特別な位置を、聖書は神の似姿と呼ぶ。これに関してカルヴァンはつぎのように述べる。

「それゆえ、神の似姿は、人間本性の本来的に卓越した位置であり、これはアダムにおいて光彩を放っていたが、その後、破滅以来もはや混乱、毀損、汚辱しか残らないほどに台無しにされ、それどころか確かに破壊されたのである」（『綱要』Ⅰ・15・4）。

カルヴァンは、堕落後の人間に神の似姿性を完全に否認するまでにはいたらない。最終的に、まさしく神は罪人に新しい生命を与える。それゆえ、罪人にとっては将来がある。そして、この将来の本質は、キリストをとおして神の似姿へと新たにされる、ということだ。けれども、罪に関しては、まずもって失われた栄光について語られるべきだ。人間はアダムにおいて自分を認識するのだから、これはつぎのことに他ならない。人間がアダムにおける神の栄光の喪失において認識することは、自分にもあてはまるということだ。というのも、人間は、彼に与えられることになっていたものを、喪失したからだ。カルヴァンは、この事態を聖書の言葉を取り入れて「霊的な死」と呼ぶ。つまり「霊的な死は、霊魂の神からの疎外に他ならないのである」(『エフェソの信徒への手紙註解』二章1節)*。

* 『ヨブ記註解』一一章25節「というのも、霊魂の死は神からの疎外だからだ」、『ヨハネによる福音書註解』五章25節も参照のこと。

二　罪は信じられうるが、見られえない

人間はいったいどのようにして、アダムが罪を犯したように罪を犯すのか。神は人間が罪を犯すように創ったのか。この点をカルヴァンは明確に否定する。人間の罪を神のせいにしてはならな

い。神は人間を善く創ったのだ。「つまり、人間と悪魔の腐敗と邪悪そしてそこから引き起こされるあらゆる罪は、本性からではなく、本性の腐敗から生じるのである」(『綱要』I・14・3)。だから、カルヴァンは、罪はいったいどこから来るのかという問いに対して、聖書とまったく同様に回答を与えない。むしろ、カルヴァンが確認するのは罪を犯した人間の事実性だ。人間の善なる本性は転倒してしまった。この場合「善い」の逆という概念は、道徳的なカテゴリーで語られうるのではない。カルヴァンが主張するのは、人間に関するペシミスティックな観点ではなく、神学的な観点であり、それは神の契約に由来する。

聖書および宗教改革の罪理解に対して、近代において出される珍しくはない一つの問いは、罪の伝染性に関する問いだ。あるいは別の言い方をすると、原初の罪ないし子孫へと継承される罪(die Ur-oder Erbsünde)への問いだ。アウグスティヌスが行なったのとは異なり、カルヴァンはここで必ずしもすべてを情欲に置くことはしない。[*] カルヴァンは、より広く、より根本的に表現する。というのも、われわれがアダムにおいて自らを再認識できるということの理由として、最終的にカルヴァンがもっているのは、聖書においてそう読むことができるということ以外にはないからだ。

「つまり罪の感染または汚染の根源は、肉ないし霊魂の本質の中にあるのではなく、神の与えた賜物を、最初の人間が彼の子孫と共に所有し、また失うように神が整えたという点にある」(同上Ⅱ・1・7)。

むろん、今日に生きる者たちと異なりカルヴァンは、その個人的な罪が全人間的な本性を、したがってアダムのすべての子孫も共に情欲に引き入れた歴史的な人物として、アダムを見なすことにも困難を覚えなかった。けれども、カルヴァンの場合に中心にあるのは、生物学的な伝染あるいは他の方法で確認できる伝染ではなく、むしろアダムと自分自身を同一視することだ。だが、これは、読み取ることができることではない。それゆえ、原初の罪ないし子孫へと継承される罪は、経験的に証明されうるのではなく、カルヴァンが聖書から取り出す信仰の対象なのだ。罪が信仰されねばならないというのではない。むしろ、聖書と共に、根本的に罪に巻き込まれているという前提から出発すること――誰もこれから例外とすることはできない――とカルヴァンは言う。小さな子供ですらもここから除外されない(同上Ⅱ・1・8)。というのも、罪が信仰されなければならないということは、きわめて奇妙に思われるからだ。われわれは、アダムにおいてわれわれ自身とわれわれの本性を認識する。われわれは、彼より善いことはなく、彼とまったく同じなのだ。われわれもまた、神を信じず、そのため神に不従順である人間なのだ。そして、アダムの場合とまったく同じように、他の人間の場合も、そこから人間の一部分の破壊が生じるだけでなく、霊魂が「その全体として罪によって占められたのだ」(同上Ⅱ・1・9)。ついで、ここからさまざまな罪――あるいはカルヴァンの好む言い方では「罪の実」が生じる。ここにカルヴァンは、「姦淫、放蕩、盗み、憎しみ、殺人、暴飲暴食」（同上Ⅱ・1・8）を数え入れる。これらは、罪それ自体と混同されるべきではなく、不信と不従順に対する諸帰結なのだ。というのも、罪がその実と同一化されるとするなら、罪の根源、それゆえ罪の広がりが把握されず、罪は、疎外としてでもなく、せいぜい人間の咎・負債と理解されうるだろう。

少なくとも宗教改革時代におけるローマ・カトリックの教理の伝統と異なり、カルヴァンは、罪が人間のある特定の領分に影響を与えないかのような考えに対抗する。このことは自由意志に関わる。スコラ学者と異なりカルヴァンは、人間が自分で自らを神へ向ける何らかの回復能力を自己自身の内にもっているということに、激しく反対する。もちろん人間はあいかわらず意志をもっている。ただ、自らを神へと方向づける自由はなく、罪に占拠されている。つまり、人間は故意に罪の下に入り、そうなると罪が人間に支配権をもつことになったのだ。さらに一二世紀の神学者クレルヴォーのベルナルドゥスを引用して、カルヴァンはつぎのように言うことすらできる。故意に犯された罪が、今度は必然性によって人間を所有し、人間の意志をも所有したのだ、と。不自由で奴隷化された意志は、故意に犯された不従順の帰結だ（同上Ⅱ・3・5）。もちろん、カルヴァンは不信のこうした行為を「自由」とは言わない。「自由」は常に肯定的に満たされるからであり、罪は不自由にするからだ。奴隷意志に関する書物を執筆したマルティン・ルターとまったく並行して、カルヴァンは、罪人が、徹頭徹尾、罪人であることを明らかにする。これに対して自由意志の考えは、人間が神と協働することを求める。神と人間とのこの協働を、カルヴァンは根本的に排除するわけではないが、義認に直面する人間に関しては排除する。救いをもたらすのはひとりだけ、神だけだからだ。神だけが救いの働きをなし、人間が何かを付け加えることなどあってはならず、付け加えることもできないだろう。

> 恩恵は罪に対立し、恩恵に由来する賜物は、死に対立する。それゆえ、恩恵は純粋に神の慈しみ、あるいは値なしの愛を意味し、神はこのための証しをキリストにおいてわれわれに示すが、それは急ぎわれわれを悲惨から救い出すためである。……それゆえ、神が明らかにしたことは、キリストの外では、一滴の生命すらも見いだすことができず、キリスト自身がわれわれに彼の豊かさを注ぎ入れる以外に、われわれの困窮と欠乏を癒すいかなる医薬もないということである（『ローマの信徒への手紙註解』五章15節）。

人間の意志に関して、カルヴァンにとって、これもまた神によって変えられる、ということなのだ。「意志が新たに創造されるのは、意志が存在し始めるためではなく、悪から善に変わるためである」（同上Ⅱ・3・6）。人間の意志を神へと導くのも、神の恩恵だけである。

* アウグスティヌスは、ラテン語訳におけるローマの信徒への手紙五章12節の »in quo« を、すべての人が

「アダムにおいて」罪を犯したと理解した――それゆえ、罪の伝染の生物学的な根拠が存在しなければならず、これをアウグスティヌスは情欲に見いだした。しかし、カルヴァンはローマの信徒への手紙五章12節をギリシア語から正確に「～から」（quandoquidem）と訳す――それゆえ、彼はアダムを原型として理解する。

三　人間はキリストにおいて自己自身に立ち返る

こうしてすでにわれわれは、カルヴァンの罪理解の背景である根本的な対比のところまで到達した。カルヴァンはアダムについてだけ語ることなどできない。というより、カルヴァンは、赦しに関する知識なしに罪について語ることなどできず、キリストを抜きにしてアダムについて語ることなどできない。そのさいカルヴァンにおいては、パウロ的な概念把握を受容することで、アダムとキリストが相互に二重の関係に立っている。一方でキリストは「第二のアダム」と呼ばれうる（一コリ一五47）――このことをカルヴァンは、イエス・キリストが人間となったこと、ただし罪はなかったことを示すと理解する。神自身がイエス・キリストにおいて「彼がわれわれに近いこと、いや彼がわれわれと等しいこと、なぜなら彼が実際われわれの肉と血だからであることを示すのだ」（『綱要』Ⅱ・12・1）。人間の救いは、イエス・キリストにおいてなされる。それは、彼自身が人間となり、われわれの代わりに「われわれが受けるべき罰を受けること」（同上Ⅱ・12・3）によるのだ。それゆえ、キリストは、真の人間であるから、第二のアダムなのである。

だがこれとならんで、カルヴァンにとって重要であり、カルヴァンに特徴的な第二の関係がある。というのも——再びパウロ的な用語が採用される——アダムはイエス・キリストの模像にすぎないからだ。すなわち、イエス・キリストを除外してアダムの意義も理解されえないのだ。アダムが神の似姿として示されていることは、カルヴァンにおいて最終的にはキリスト論的な諸根拠がある。「アダムが神の像を帯びていたのは、彼が神と結びついていた限りのことなのだ」(同上Ⅱ・12・6)。人間は事実として神の似姿に創造された。しかし「彼がこのように高い尊厳に達したのは、ひとり子のゆえであった」(同上Ⅱ・12・6)。すなわち、アダムが最初からキリストを視野に入れて理解されうるということは、創造それ自体が全体としてキリスト論的な観点からのみ見られるべきだということだ。カルヴァン自身が創造と契約の密接な関連を説いている——創造はキリストに向けてなされたのだ。そこから、もしアダムが罪を犯さなかったとしたら、キリストも人間とならなかったのか、という問いが生じると、カルヴァンはこれを差し戻す。ここにはいかなる回答もない。あったとしても思弁にすぎないだろう。理解の限界があるのだ。「キリストがわれわれを救うこと、そして確かにわれわれの本性を共にもつことで、それがなされること、この二つが神の永遠の決定において結びついていることを聖霊が告げ知らせる場合、もはやそれ以上問うことはわれわれに許されていないのである」(同上Ⅱ・12・5)。

このキリスト論的な関連を見ることで、疎外としての罪に関するカルヴァンの表現の仕方は、さらにいっそう深い意味を獲得する。というのも、人間はアダムにおいて自分の本来的な規定、神の似姿であることから疎外されたからだ。キリストによる解放において、罪人は異郷から故郷、自分の家、つまり神との関係に立ち返る。真の人間としてのイエス・キリストはアダムと等しくなった――ただし罪なくして。それゆえ、イエス・キリストにおいて人間は、自分が――イエス・キリストにおいて――実際には何者かを認識するのだ。すなわち、義とされ、キリストの神との密接な関係に受け入れられた人間として認識する。神から疎外された人間が、彼の創造に従った規定に入っていく。だがそれとともに、罪によって自分で結局は自分自身を疎外した人間は、もはや自分自身からも疎外されてはいない。やや熱狂的に響くこの表現は、しかし、もっぱら終末論的に理解されるべきだ。カルヴァンはこの全過程をまとめてつぎのように記すことができる。「すなわち、霊的な死は神からの霊魂の疎外に他ならないから、われわれがキリストの命に与らしめられるまで、われわれは皆、死者として生まれ、死者として生きることになろう」（『エフェソの信徒への手紙註解』二章1節）。

それゆえ、カルヴァンは、古い人間の原型としてのアダムについて、新しい人間の原型としてのキリストを見ることによってのみ、語ることができるのだ。アダムにおいて人間は自分自身を罪人として見、認識するが、この罪人は、彼の本来の規定に一致せず、神を信じず、神に不従順なのだ。

イエス・キリストにおいて人間は、義とされ、神の意志との一致において生きる者として自分自身を見、認識する。とはいえ、自分自身をキリストにおいて義とされた者として見るということは、洞察することで人間に可能となるのではなく、ただ恩恵をとおしてのみ仲介され、贈られ、最終的には終末においてはじめて現実となるだろう。しかし、アダムの意義はキリストによってはじめて理解されうるのだから、罪はそれだけで語られるべきではない。自己認識と神認識とは関連し合っている。それゆえまた、神認識は常に罪認識の不可欠の構成要素なのである。

第七章　イエス・キリスト

——王、祭司、預言者。イエス・キリストの三職に関するカルヴァンの教説

カルヴァンのキリスト理解は、キリストの三職に関する彼の教説にまとめられる。すなわち、イエス・キリストは王、祭司、預言者であり——これらすべてがわれわれのためである。キリストは、支配し、救い、人間に神の意志を示す。三職の教説は、旧約聖書と新約聖書を結びつけ、キリスト論における偏りを阻止する。

人間の罪に対する神の応答は、断罪ではなく、解放である。これがキリスト教信仰一般の根本的な発言だ。そして宗教改革全体、特にマルティン・ルターが、罪人の義認の理解を巡って動いている。カルヴァンもまた、義認をキリスト教信仰の最も重要で放棄することのできない部分に数え入れる。ただし、ルターよりも義と認める神を強調する。それゆえ、カルヴァン神学の叙述において、罪に関する章がキリストへの見通しをもってすでに閉じた後に続くのは、義認の章ではなく、治め、

義とし、聖化する方についての章——より正確に言うと、イエス・キリストの三職に関する教説の章である。

一　イエス・キリストの三職に関する教説と
イエス・キリストの人格と業は相互に結びついている

カルヴァンのキリスト論にとって顕著なことはキリストの三職に関する教説である。私としては、これに関して、『ジュネーヴ教会信仰問答』の簡潔な記述を引用しよう。そこではキリストの三職をまとめて、つぎのように述べている。

問三四　では「キリスト（油を注がれた者）」という名称は何を意味するのか。
答　この称号によって彼の職務がよりよく説明される。すなわち、それは（彼が）父から王、祭司、預言者として塗油されたことを意味する。
問三五　あなたは、このことを何から知るのか。
答　聖書がこの三つの職務に塗油を適用するからである。さらに聖書は、ここで語られている三職をしばしばキリストに帰している。

問三六　しかし、どのような種類の油が彼に注がれたのか。

答　昔の王たち、祭司たち、預言者たちの塗油にさいして用いられたような、目に見える油ではなく、より優れた、つまり聖霊の恩恵の賦与という油であり、これが外的な塗油の本来の真理である。

キリストと彼の職務について語ったのは、決してカルヴァンが最初ではない。発端はすでに古代教会そして中世にあり、マルティン・ルターも、たとえば王と祭司の職について徹底的に取り上げる。だが新しいことは、一方で、第三の職、つまり預言者としてのキリストが挙げられ、他方で、この三職の教説が、キリスト論の頂点に置かれるという重要な機能を獲得し、そこでキリストと彼の業が考察されることだ。このことを、ペーター・オピッツはつぎのように表現する。カルヴァンは「われわれのためになされ、またなされることになっているキリストの歴史全体が、キリストの三職に統合され、彼の〈権能〉と〈威厳〉において明らかにされる*」と見なしている、と。

この教説の強みは何か。カルヴァンは、この教説によってイエス・キリストの人格と彼の業の関係を確立することができたのだ。たとえば、イエス・キリストの人格について使徒信条はつぎのように語る。彼（イエス・キリスト）は、神のひとり子、われわれの主である。続く言葉は、何が行なわれたかを語る。すなわち、懐胎され、生まれ、苦しみを受け、十字架につけられ、死に、葬られ、（陰府に）降り、復活し、（天に）昇り、（神の右に）座し、やがて到来する。これらはすべて、イエス・キリストが何を行なったか、つまり彼の業について語っている。三職の教説は、人格と業を一つにまとめる。それが業も人格も組み込むからだ。どちらか一方だけを強調する偏りが、教会の始まりから現代にいたるまで存在する。一方で、ナザレのイエスの人格を取り上げ、さらに模範的な人間ないし非凡な人物として評価することを好む人びとがいる。他方で、イエスの人格をまったく無視し、業だけに注目する神学もある。そこでカルヴァンは、彼のキリストの三職に関する教説で二つの次元をまとめることを要求するのである。

さらにその上、カルヴァンにとって、この場合、旧約聖書との深い結びつきも重要だ。そこでは、王、祭司、預言者の職務における塗油があったからだ。キリストはまさしく旧約聖書を抜きにして理解されえないのである。

『ジュネーヴ教会信仰問答』の説明において、各々職務に関して二つの質問がある。最初の質問は、職務そのものに注目し、その本質は何であるか等々を問い、他の質問はこの職務の機能、われわれにとっての益を問う。ここでもまたカルヴァンの神学の二極性を認めることができるのである。

* Peter Opitz, Calvins theologische Hermeneutik, Neukirchen 1994, 122.

二　キリストの王としての職務

『ジュネーヴ教会信仰問答』はつぎのように述べる。

問三七　あなたが語っている、キリストの王権とはどのようなものか。
答　それは霊的である。それが、義と生命を備える、神の言葉と霊に存するからである。
問四二　彼の王権はわれわれに何をもたらすのか。
答　われわれは、彼の慈恵をとおして、良心の自由における敬虔で聖なる生活へと解放され、彼の霊的な富を与えられた。それゆえ、われわれは今や、常にわれわれの霊魂を脅かす敵――罪、肉、悪魔、世――に対する勝利をもたらすことのできる力で武装させられるのである。

キリストの王の職務というテーマは、キリストの支配ということだ。すなわち、イエス・キリストが支配する。カルヴァンが特別の価値を置くのは霊的な王権であり、それゆえ、何らかの地上的な王権、ことによると神権政治的な力の発揮と取り違えられてはならない。否、それは、神の右に座すキリストの支配なのだ。彼は世界を支配する。キリスト教徒だけでも、教会だけでもなく、世

王としてのキリストは

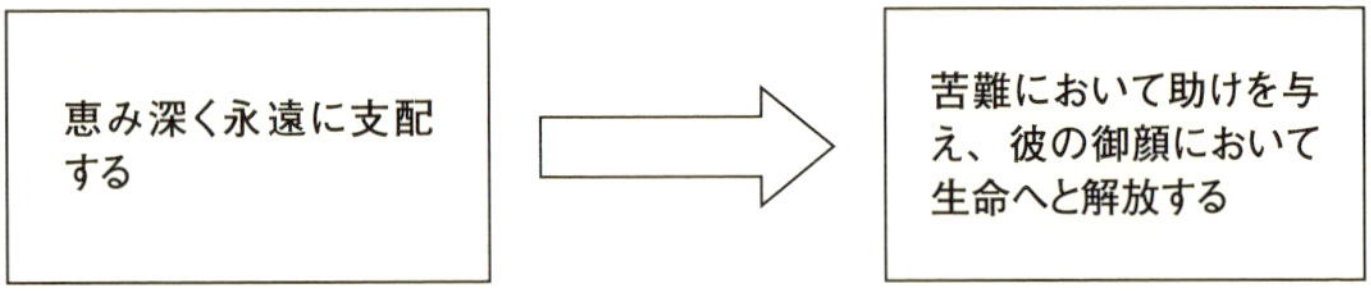
恵み深く永遠に支配する
苦難において助けを与え、彼の御顔において生命へと解放する

界を支配するのだ。キリスト自身が治めるのだから、この世界を支配する神は、キリストにおいて啓示された神に他ならない。他の神的な側面、たとえばキリストの御顔から離れ、隠れたる神（deus absconditus）を、カルヴァンは見ることができない。

キリストの支配をこの世界から簡単に読み取ることはできない。しかし、それは現前している。神は、その被造物に責任をもち、配慮する。それゆえ、キリストの王としての職務がもたらす益は明白である。われわれは彼の御顔において生命へと解放される。というのも、最後の事柄に直面したとき、感謝しなければならないことをわれわれが自覚している支配は、他に存在しないからだ。これは、他のあらゆる地上的な主君たちに対する批判的な次元でもある。というのもキリストが王であるから、他の誰もこの権力を行使できないからだ。この批判的な線は前面には出ないが、含意されているのである。

そして、この信頼がわれわれに力を与える、いや、それ以上だ。王は、自分の民を助け、艱難において彼らを支え、この世の迫害に対する闘いにおいて助けを与える。『キリスト教綱要』においてカルヴァンはつぎのように述べる。

「すなわち、われわれは人生において、悲惨、飢え、寒さ、軽蔑、恥辱そしてあらゆる困窮にあっても、喜びをもって生き抜くべきであり、われわれの王が決してわれわれを見棄てず、困窮においてわれわれへの援助を拒まず、ついには、われわれが戦いを戦い抜き、勝利へと招かれているのだというこの一事に満足すべきである。というのも、彼自身が父から受け取ったすべてのものを、われわれに与えるということが、彼の支配の仕方だからである」（Ⅱ・15・4）。

三　キリストの祭司としての職務

『ジュネーヴ教会信仰問答』はつぎのように述べる。

問三八　祭司職とはどのようなものか。
答　神の恩恵を獲得し、神の喜ばれる犠牲を捧げることにより神の怒りを宥《なだ》めるために、神の前に進み出る職務と特権である。
問四三　この祭司職はどんな益があるのか。

答　第一に、われわれを父と和解させる点で、第二に彼をとおして父へといたる道がわれわれに開かれたという点で、彼が仲保者だということである。この道によってわれわれは、全面的に信頼して、父の前に進み出、われわれ自身と、われわれのものすべてを、犠牲として父に捧げるのである。こうして彼は、われわれを、いわば彼の祭司職の協同者とするのである（ヘブ七―一〇章、一三15）。

キリストの祭司としての職務で問題となるのが、宗教改革の中心的な関心事、人間の救済だ。そしてここでカルヴァンは、たびたび仲保者としてのキリストという概念を用いるので、カルヴァンのキリスト論を正当に仲保者キリスト論とも呼ぶことができる。キリストは、真の神かつ真の人間、真の両者であり、まさしくこの点で神と人間の仲保者なのだ。そのさいカルヴァンは――しばしば誤解されるが――カンタベリーのアンセルムスの神学と用語を利用する。アンセルムスは、神が犠牲によって和解させられねばならないという思想を助長するとして非難された。そして右に引用された部分で、カルヴァンが神の怒りは犠牲によって宥められねばならないと述べるとき、彼も同じことをしているように思われる。

特に一九世紀以来、犠牲に類するあらゆる用語への批判が強い。犠牲を要求することは、神にふさわしくない、ということだ。ところが、犠牲という概念は新約聖書に登場する（たとえばエフエ五2、ヘブ一〇10)。だが、ここで考えられているのは、神が犠牲によって和解させられる、ということではない。このことはカルヴァンの場合も同様である。というのも、われわれは、カルヴァンが右の脈絡で同じ事柄を別の仕方で述べていることを見いだすからだ。彼は、「仲立ち」(intercessio)——キリストが父へといたる道をわれわれに開く——について語っているのである。

では、カルヴァンにおける犠牲の観念は何を意味するのか。このために必要なことは、旧約聖書に戻ることだ。旧約聖書における祭司、なかでも大祭司の役割とは、罪の赦しの務めではなく——これは神のみの事柄である——代理としての執り成しの務めである。年に一回、犠牲が捧げられるが、それは神を宥めるためではなく、罪を犯した民のための執り成しのしるしなのだ。ここでカルヴァンは、キリストをこのような伝統の中で見ている。ただし、年に一回の執り成しではなく、根本的な執り成しなのだ。カルヴァンにおいても重要なことは、人間が変わることであって、人間をまったく変えることなく、神を宥めることではない。キリストが人間それ自身を受容するから、人間は執り成しの弁護によって変わるのだ。代理という概念はここに出てこないが、内容上、含まれている。キリストが弁護する人びともまた、キリストにおいて聖い。この和解は永遠であり、時間的ではない。重要なことは神の意に適うこと——そして人間の新たな尊厳である。人間がキリストにおいてあるから、これに到達するのである。

こうした脈絡で神の怒りという発言も理解されねばならない。このような発言は神の愛と矛盾し

祭司としてのキリストは

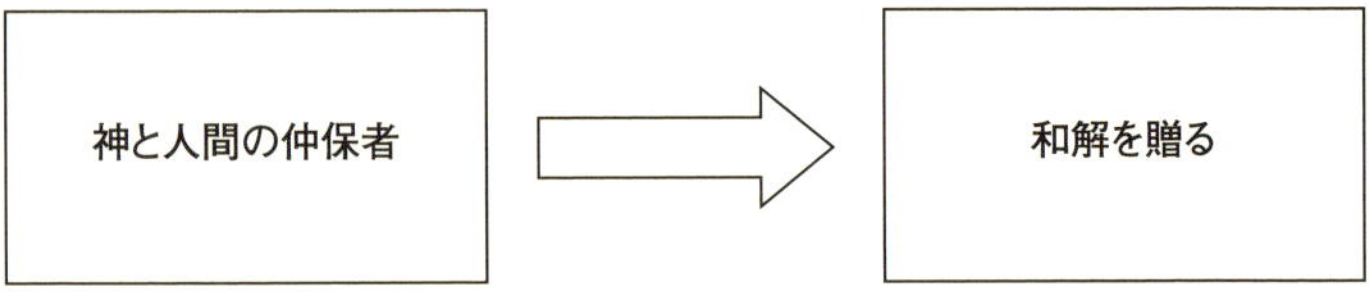

ないのか。二つの言明の関係をどう呼ぶべきか。神の怒りはこの愛を疑問に付すことができるのか。キリストは、神がわれわれに敵意を抱くがゆえに、怒りを宥めるために到来したのか。しかし、神はわれわれに敵意を抱くことがありうるのか。神は、キリストの到来のゆえにわれわれに好意を抱くのか、あるいは、キリストの到来が神の好意の結果なのか。

カルヴァンは、『キリスト教綱要』でこの主題全般を取り扱うさいに、聖書のいくつかの言葉を引用するが、まさしくそれらは、神がキリストの犠牲に基づいて人間に好意をもつという理解を支持するように思われる。「神は人間に対して敵であったが、ついにキリストの死によって人間を恩恵へと回復させたのである（ロマ五10）。あるいはまた、われわれはつぎの言葉も聞く。人間は呪いの下にあるが、その不義は、キリストの犠牲の死をとおして、ついには償われるのである（ガラ三10、13）」（『綱要』Ⅱ・16・2）。だがこれらの言葉は、カルヴァンによると、文脈から切り離されて理解されるべきではなく、その機能において理解されるべきだ。それらは、本来、教育的な機能をもっている。というのも、それらは、われわれ人間に「キリストがいなければ、われわれの状態がどれほど悲惨で困窮しているかを」（同上）はっきりさせようとするからである。

これらの言葉は、カルヴァンによると、決定的な記述と見なされるべきではなく、人間に自分の状態を明らかにし、キリストにおいて人間に差し伸べられた手に向かうようにと人間を促すものなのである。

ここで――私は以下の章で取り扱うことをいくらか先取りするが――律法というテーマが検討される。マルティン・ルターとまったく同様にカルヴァンは、律法が罪を立証すると見なす。とはいえ、「律法と福音」という順序は排他的に理解されるべきではない。そのように理解されたら、律法は福音の前提条件となろう。「福音を理解するために、律法が必要なのか。われわれにまず自分たちの状態が明らかにされねばならないとすると、それによってわれわれは福音を熱望するのか。われわれは、福音を認識することができるために、まず自分たちの罪を認識しなければならないのか」。これらの問いに、カルヴァンはさまざまなニュアンスを込めて答える。律法ないし罪の認識は、福音に仕える。罪の認識それ自体が重要なのではなく、罪の認識は、ある機能、つまり福音に向かって、という機能をもつ。けれども、この順序は排他的ではない。というのも、出発点は律法ではなく、福音だからである。それゆえ、神の怒りに関する発言は、カルヴァンによると、われわれの理解力が非常に弱く、こうした激烈な表現によって福音をよりよく認識することができるためという理由からである。神の怒りに関する発言は、不安を引き起こすことを意図するのではなく、もっぱら、神の「好意とその父としての愛をキリストにおいてのみ獲得することを」（同上Ⅱ・16・2）欲するように、われわれを勇気づけようとするものなのである。

だとすると、神の怒りに関する発言は本来的ではない発言なのか。というのも、神の怒りに関する発言は、実際には、決して人間に対する神の敵意を語るものではなく、神の怒りに関する発言が新約聖書にあるのは、人間がそれを必要とするからというだけの理由からだとすると、その場合、神の怒りに関する発言はそもそも正当なのか、それでもなお、これは本来的な発言なのか。

然り、カルヴァンによると、それは本来的な発言であり、間違ってはいない。というのも、神は正義であり、確かに、その最高の完全性において正義であるから、「それゆえ、神は、神がわれわれ全員に認める不正を、愛することなどありえない。神は、その怒りに価することを、われわれすべてに十分に見いだすのである」（同上Ⅱ・16・3）。

すなわち、カルヴァンの考えによると、神は人間に敵対するのではなく、神の怒りは罪を犯した人びとに対してではなく、罪に対して向けられているのだ。神は正義であるから、それゆえに、神は不正と対立するのだ。したがって、カルヴァンがここで正義の法的な概念を用いることはまったく問題ない。神自身が正義であり、これが彼の出発点となる立場である。

「けれども、主は、われわれの内にある彼の所有が滅びることを望まず、それゆえに、その慈しみにおいて愛することができるものを、なお見いだすのである。というのも、われわれは確かにわれわれの腐敗において罪人であるが、だがしかし、われわれは主の被造物として留まっているからである。われわれは、確かに死に価したが、しかし、かつて主はわれわれを生命へと造ったのだ。〔……〕それゆえに主は、あらゆる敵意に終止符を打ち、われわれと完全に和解するために、キリストにおいて生じた和解をとおして、われわれの内にあるすべての悪を根絶したので、その結果、かつて不純で汚れていたわれわれが、主の前に正しく聖なる者として現われるようになるのである」（同上Ⅱ・16・3）。

神は人間の内に、糸口となりうる何かを見いだす。とはいえ、それは人間の習性ではなく、罪に襲撃されることがなかったかもしれない残存物でもない。いや、神は、神自身が造ったものを糸口とする。だが、これによって、神の和解がはじめて愛を引き起こすのではなく、反対に、神の愛が和解に先立つことは明らかだ。神の人間との契約は、神が和解をとおしてわれわれの内にある悪を根絶するのだから、和解を生起させる。神は人間との連帯を望むからだ。もちろん、人間は、この和解に先立ち、それを基礎づける神の愛への入り口を、キリストにおいて、初めてもつのである。

神の怒りは、人間に向けられるのではなく、人間の未来に向けられているため、人間の将来に役立つ。それゆえ、神の怒りは、決して激情ではなく、人間の不義に対立する神の正義の遂行だ。したがって、神は、和解させられるのではなく、人間を正しい道へと連れ戻す和解者なのだ。そして、このことがまさに意味することは、神からの和解の業が愛から生じる、ということである。

「〈世界が据えられる以前に〉（エフェ一4、5）神がわれわれを愛したその愛は、キリストにその存立と基礎をもつとパウロも言うのは、こうした理由からである。これは、明瞭で聖書にふさわしい言葉である。ここからひとは、一方で、聖書において読むことができる〈神は、そのひとり子を与えたほどに、この世を愛した〉（ヨハ三16）という言葉と、他方で神は、キリストの死が再び神をわれわれに対して恵み深くさせる前は、われわれに敵対していたという言葉（ロマ五10）とを調和させることができるのである」（同上Ⅱ・16・4）。

四　キリストの預言者職

『ジュネーヴ教会信仰問答』はつぎのように述べる。

問三九　あなたはいかなる意味でキリストを「預言者」と呼ぶのか。

答　彼は、この世に到来したとき、人びとに自分が父の使者そして代弁者であることを宣言した。

これは、父の意志を完全に説明し、それによってすべての啓示と預言を完成する目標をもっていた（イザ七14、ヘブ一1以下）。

問四四　さらに預言者職が残っている。

答　神の民の教師という職務が神の子に委任されたのは、彼が父についての真の認識によって人びとを照らし、真理において彼らを教育し、神の家の弟子とするためである。

預言者としてのキリストは

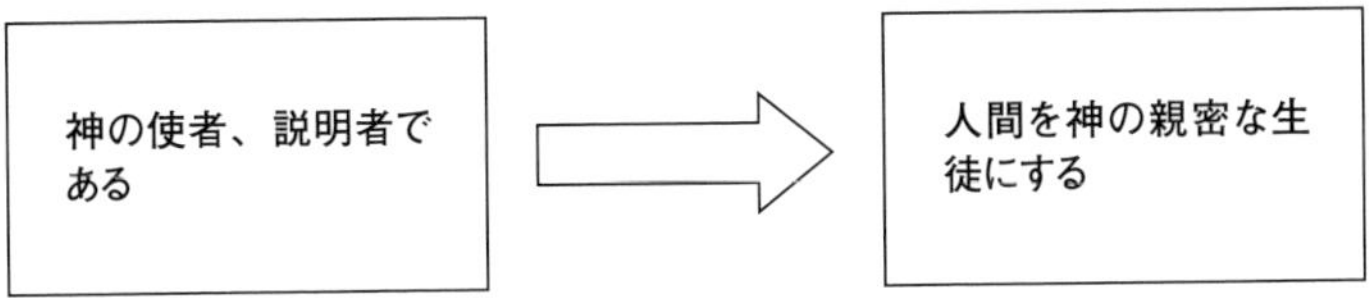
神の使者、説明者である
人間を神の親密な生徒にする

預言者の職務は、神の意志を告知する務めをもつ。われわれは、預言者、つまりキリストから、神が何をわれわれに語ろうと欲しているのかを知る。それはまさしく、神とは誰かということでもある。キリストは地上における神の声だ。そこで、キリストが旧約聖書の預言者と異なる点は、彼が神の完全で純粋な声であることだ。言い換えると、神の言葉だということだ。これは関連する二重の方向をもつ。一つは、イエス自身が教えたことに関わる。イエスの教えは真の教えだ。彼が語った言葉は確実で真であり、それに頼ることは正しい。しかし、彼によって語られた言葉だけでなく、神の言葉としての彼自身が神の真の啓示でもある。それゆえ、ありのままの彼が、神でもある。したがって、預言者としての職務という命題は、神認識にも関係する。それゆえ同時に、他の源泉から生じる神認識に関して、批判的な言明がなされる。神認識は、究極的にはキリストにおいてのみあり、またそこにおいて、徹頭徹尾、現実的でもある。

「というのも彼（キリスト）の外には知るべき益となることは何もなく、また彼の本質を信仰において捉える者は、天上におけるあらゆる善を十全に把握するのである［……］キリストが就いた、この預言者としての尊厳は、彼がわれわれに与えたとおりの教えにおいて、あらゆる知恵が完全に含まれているという洞察をわれわれに与えたことになるのである」（『綱要』Ⅱ・15・2）。

さて、キリストの三職に関するカルヴァンの教説をもう一度振り返ってみると、明らかとなるのは、カルヴァンが、旧約聖書の諸次元を受け容れ、凌駕することで新約聖書の認識を非常によく受け容れることができるということだ。そのため、三職に関するカルヴァンの教説が、改革派神学のみならず、ルター派そしてローマ・カトリックによってすら受容されたことは、驚くべきことではない。三職の教説にキリスト論全体が合流する——それゆえ、カルヴァン神学の中心は本来これだ、とすら言うことができる。

「あなたが言うことすべては、それゆえ、つぎのことに帰着する。すなわち、〈キリスト〉という名称は、父によって子に与えられた、これら三つの職を包含しており、それによって彼は、その力と益を彼の民に伝達するのである。そのとおり」（『ジュネーヴ教会信仰問答』問四五）。

第八章　キリストから理解されるべき律法は、認識と生活の助けをもたらすこと

キリストが神的な契約の展開の中心であるから、律法もまたここから理解されるべきだ。それゆえ、律法の務めは、何よりもわれわれの罪を露わにすること、相互の秩序にあるが、しかし、何をさておいても、神認識を与えることによって、またキリスト教的な生活の勧告をとおして指針として役立つことにより、キリスト者に役立つのである。

マルティン・ルターの神学の脈拍は――かなり大雑把に要約すると――、彼の義認理解および律法と福音に関する教説において示される。彼の神学の中心は、人間が神の前でいかなる功績も挙げていないのに、神が人間を義と宣言するという認識だ。義認を認識する道のりは、ルターの場合、律法と福音の理解を助けとしてますます長くなっていく。律法は――この語でルターは旧約聖書の律法と他のすべての神の戒めを意味する――人間が神の戒めに背くことから、欠陥をもつ存在であ

ることを、人間に示すだけでなく、同時に人間は、律法が神の戒めであることから、彼が神と人間の関係において罪人として存在することを認識する。律法は人間に彼の罪性を示し、神を求め、問うようにさせる。神の答えとしての福音は、これに対して、罪の赦しの約束だ。たとえ、お前が律法に適う生き方をしない罪人であるとしても、お前は神の前に義とされた、と。この神学的な伝統において、律法の本来的な機能は、それが罪を立証するという点にある。

さてカルヴァンだが、彼は、律法の理解においてルターに対して、誤った反対をしているわけではない。というのも、前述の大筋はカルヴァンにも見いだされるからだ。それゆえ、カルヴァンはルターのすぐそばにいる。とはいえ、カルヴァンの強調点は異なり、律法を罪の認識だけに限定しない。その重要な根拠は、キリストの三職という中心的な立場だ。ルターは何よりも義認論を強調し、それはキリストの祭司としての職務によって説明できる。だが、カルヴァンは、キリストを王そして預言者としても見なすため、カルヴァンがキリストから視野に捉える律法も、より複雑な意味をもつのである。

一　律法――キリストからキリストへ

カルヴァンは、聖書、それゆえ旧約聖書も、キリスト論的‐契約史的に読解する。つまり、彼は、イエス・キリストを、神が結びそして実行する契約の中心と見なす。神の働きは、この中心に集中し、この中心から理解されるべきだ。このため、カルヴァンは聖書をキリストから読解する。そしてこのために、彼は旧約聖書も（新約聖書と同様に）キリストを目指して理解する。

「律法はアブラハムが死んで約四〇〇年後に加えられた。だがそれは［……］選ばれた民をキリストから連れ去るためではなく、むしろ彼の到来まで待望のうちに心を保ち、その熱望をたえず新たに燃やし、それを期待において強めるためであり、それによって、到来が遅延しても、道から逸れることがあってはならないのである」（『綱要』Ⅱ・7・1）。

このことは、カルヴァンの十戒解釈において明白だ。第一戒「私は主、あなたの神、あなたをエジプトの地、奴隷の家から導き出した者である」を、カルヴァンは「いわば律法全体の序言だ」と述べる（同上Ⅱ・8・13）。というのも、神の民の歴史における神の解放の働きに言及することは、律法をそこから切り離された法の言明として誤解することを防ぐからだ。この出来事にキリスト者男女も無関心ではいられない。カルヴァンにとって「エジプトにおけるイスラエルの奴隷状態は、われわれ自身が置かれている霊的な捕囚状態の予型だからだ」（同上Ⅱ・8・15）。そこで、エジプトからの解放の意味は、キリストにおける解放の働きにとって明瞭である。

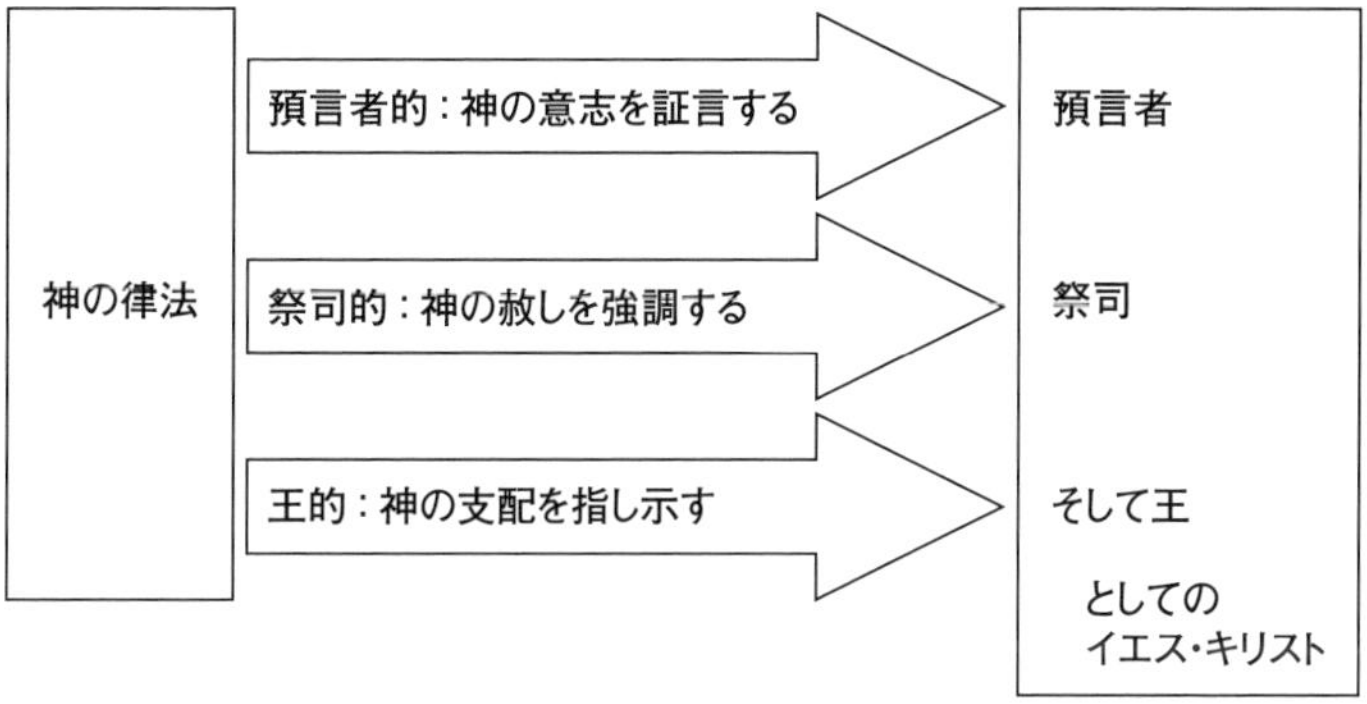

この広い地平においてのみ律法は正しく理解される。それゆえ、律法は孤立した法として、それ自体で完結した言葉としては理解されえない。律法は、それによって神がその民に何か益となることを行なおうと望むがゆえに、神から到来する。このことを強調することがカルヴァンにとって必要なことは、律法の取り扱いにおける誤解が、この関連を見ない、あるいは強調しないという点にあるからである。

まず問うべきことは、「律法」という語でカルヴァンが何を理解しているか、ということだ。伝統的な理解の仕方であれば、特にキリスト者が旧約聖書を読む場合に、十戒を指すだろう。これはカルヴァンにもあてはまる。というのは彼も、十戒が「どのように敬虔に義《ただ》しく生活すべきか、ということの規準となる」（同上Ⅱ・7・1）ことから、その卓越した役割を認めているからだ。しかし同時に、カルヴァンはさらに律法という語によって、一方で、モーセ五書を理解する。これは「トーラー」と呼ばれ、「律法」と訳すこともできる。他方で、カルヴァンはこの語で旧約聖書全体を理解する。というのも、彼によると律法は「神がモーセの手をとおして整え、教えた敬神の全形態」（同上Ⅱ・7・1）だからだ。そこに見いだすことのできるすべての神的な戒めと指示が、旧約のすべての祭儀律法も合わせて、ここに含められる。

さて、あらゆる戒めがキリストからキリストを目指して理解されうるとき、それらには――キリストの三職の教説と一致して――三様の関連事項が帰せられる。律法は、それが神の意志を表わし、指定するという点で、預言者的な務めをもつ。律法は、神による罪の赦しの行為――特に祭儀律法――を強調することから祭司的な務めももつ。そして律法は、そこにおいて神の支配を表明することから、王的な務めをもつ。これら三つの務めすべてを実行することで、旧約の律法は、それ自身を超えてキリストを指し示す。つまり、キリストは神の意志の啓示であり、キリストは犠牲であり（それゆえ祭儀律法の遂行もキリストの到来とともに廃棄された）、そしてキリストのうちに神の支配が現存するのである。

二　律法の務め

人間は神に対して疎外の中で生きている――ここに罪に関するカルヴァンの根本的な記述が示されている。このことは、人間が罪人として神の律法からの疎外の中で生きている、ということも意味する。つまり、人間は、神が彼に望むだろうとおりに生活せず、神を正しく認識していないのだ。このことは、カルヴァンによって根拠づけられることでも、経験的に証明できることでもない。だが、律法に関して罪人であることの目印は、罪人が律法を孤立させ、つまり神の行為と無関係に律法を理解する、という点に見いだされる。その場合、律法はそれ自体から根拠づけられるべき要求であり、命令にすぎない。そうなると、律法を満たすことによって神の前で功績をえることができる、ということが考えられるだろう。だがこのことは、カルヴァンによると、律法の曲解に他ならない。律法が、あたかも神の前で何らかの功績をえることができるための手段であるかのように考えられることは、決してなかった。そして他方で、このことは人間の状態に関する誤解である。というのも、それによって人間が罪人として理解されないだろうからだ。律法と神の戒めは、常に、神による契約の行為との結びつきにおいて、そしてこの行為からのみ見られるべきなのである。

それゆえ、カルヴァンは律法に三つの務めを割り当てる。

三　律法はわれわれの不義を映す鏡である

律法において、神は、自分の意志を告げ知らせ、また人間を優遇するから、ここにおいて神が示す配慮は、人間が神の支配に人間的な仕方で包含されるということだ。律法がわれわれに示すことは、まさしくそれがキリストを目指すという意味で、義とし和解する神の本質である。神の義を認めるという点で「われわれは、自分たちの無力そしてそこから自分たちの不義を認識するが……、それは鏡がわれわれの顔のしみやしわをはっきりと見せるのと同じである」（『綱要』Ⅱ・7・7）。どのように、このことは起きるのか。

神の前で生きる人間が、不遜にも、自分自身の義でよしとし、自分自身が裁判官だと考えるかもしれない。罪人は神など必要ないと考える。だがこれは、カルヴァンによると、自己欺瞞なのだ。そして、この人間の自己欺瞞を廃棄することが、律法の一つの重要な務めである。カルヴァンはこの点で律法に、はっきりと「教育職（paedagogus）」（同上Ⅱ・7・11）という概念すらも与える。というのも、神の律法は、正しい自己認識を育て、それによって人間に自分の現実の状態を教える務めをもっているからだ。人間は、自分が律法の要求を満たしえないことを認識することによって、律法を正しく学んだのだ。ついで「彼は、かつて自分を眩惑していた、あの不遜を捨て去る」（同上Ⅱ・7・6）。そして人間は、自分を罪人として認識するのである。

ところで、カルヴァンはこの点で細かい。彼は、律法を満たすことができないという認識が、すでにそれ自体から罪の認識を引き起こすとは、どこにも述べていない。ここでカルヴァンが区別しているのは、信仰者と不信仰者だ。律法は、信仰者にとって、自分自身の罪を認識するために役立つ。彼らがすでに神認識をもっているからだ。罪の認識と神認識は、確かに互いに切り離すことはできない。不信仰者の場合、事情は異なる。もしかすると、彼らは、自分たちが律法に従っていないという事実を前にして、良心が穏やかではないかもしれず、ことによると「律法と彼ら自身の良心によって恐怖に陥るかもしれない」（同上Ⅱ・7・9）。不信仰者は、それゆえ律法に従わないということを前にして、自分たちの欠点を認識するのが関の山である。これに対して信仰者は、自分たちの罪を神からの疎外として認識するのである。

しかし、律法は恵みの神の律法だから、罪の認識は、神の認識なしにはありえない。それゆえ、罪の認識は断じて孤立させられてはならない。罪の認識が、人間を「絶望の淵に沈め……絶望的に滅び」（同上Ⅱ・7・8）させてはならない。むしろ、それは、神の恵みを一層強く認識するために役立ち、それによって、人間はなお一層「神の恵みに避難し、そこにのみ寄りすがり、完全にかくまわれ、それだけを自分自身の功績として請い求めるが、しかしそれらは、キリストにおいてすべての人に提供されているのである」（同上Ⅱ・7・8）。ちなみに、このように罪を立証するための律法の使用法は、典型的に宗教改革的であり――ルターにとってそれが本来的で決定的な用い方である。前述のとおり、カルヴァンにとって、それは重要である。しかし、この使用法は、律法に本来的に備わるものではなく、それゆえ意図された使用ではない。

四　律法は公共の共同体を秩序づける

カルヴァンが律法に帰する第二の務めは公共の秩序である。ここでカルヴァンは、心の中で、律法に同意せず、したがってその遵守を意味がないと見なす人びとを、あまり念頭に置いてはいない。そうではなく、むしろ、特定の律法をとおして、共同体を害する行為を行なわないように抑制されるべき人びとを念頭に置いているのである。要するに、ここで律法がもつ務めは、無秩序を防ぎ、平和に役立つことである。刑罰による脅しも、「それがなければ、際限もなく噴き出す肉の欲を抑制するために」（『綱要』Ⅱ・7・10）人間を思いとどまらせるよう定められているのである。

カルヴァンは、ここで、特定の戒め（たとえば、殺してはならない）を理性的に根拠づけることのできる、人間が生まれつきもつ理性によって論証しない。おそらく、カルヴァンはここで何よりも啓蒙以前の人であろう。さらに、ことによると、今日の私たちは、ここで、カルヴァンが行なったのとは別の仕方で、政治的、つまり社会的な次元を基礎づけるだろう。ことによると、私たちは、この点でカルヴァンとは異なる教育的な考えをもっており、予防としての刑罰への恐れにあまり信頼を置かないかもしれない。すべてありうることである。

けれども重要なことは、ここでカルヴァンが、戒めを社会、つまり共同性に関連づけられると理解していることだ。というのも、これによって、神の主権が教会だけに制限されないということ、それどころか、世界の主であり創造者である神は、平和の存在する「最善の町」(エレ二九7)が求められることを望んでいる、ということが明らかとなるからだ。カルヴァンの神学と倫理学の政治的な次元において以下でさらに考察されることが、すでにここでも、本質的な参照先をもっている。すなわち、律法は、社会全体を秩序づける共同性を、視野に入れていること。そのため、教会もこれらの戒めの解釈者として、この共同性から抜け出してはならない、ということである。

五　キリスト者の男女は、喜んで神に服従しようとし、律法が彼らに役立つこと

律法がもつこの第三の務めは、カルヴァンにとって本来的で最も重要な務めだ。これは、カルヴァンを、たとえば、この側面にまったく注意を払わなかったマルティン・ルターと区別する。というのも、律法は、罪の認識と公共の次元によって、その役割を終えてしまったのではなく、キリストから新たに発効され、いや、キリストから律法の本来的な務めが再び新たに明らかとなり、キリスト者の男女の一生の務めとなるのである。

カルヴァンが、キリスト者は「霊の導きによって内的にそう感じ、欲するがゆえに」(『綱要』Ⅱ・7・12)、喜んで神に服従するということを語るとき、彼がさしあたり述べていることは、内

容的にはまだ、たとえばルターとも、かなり一致する。キリスト者が善い業を行ない、それらが彼らから出てくることは、ルターが絶えず関心をもっていたことだ。そしてカルヴァンがここで際立たせる「喜んで」ということが、ルターのこの強調点を受け入れているのだ。神に服従することは、人間の良心を強制できるような他律性ではない。神との交わりにおいて生き、自分の生活を神に負っている人びとは、恩恵において人間に慈しみ深い神が望むことに、喜んで応じようとするのである。

カルヴァンの場合、ルターとの相違点は、律法がこの〈神に‐応じることを‐欲すること〉に益となりうると信じたことにある。律法は、どのくらい信仰者の生において助けとなるのか。律法は、神認識を与え、訓戒をとおしてキリスト教的な生活に役立つことにより、教育的な機能をもっているのである。

カルヴァンは、神認識と自己認識が、生涯にわたる過程であることを、繰り返し指摘する。そしてここに律法の務めもある。第一の次元は自己認識に役立つ。すなわち、人間は律法において、自分では生命を得ることができない罪人として自己を認識する。しかし、彼は律法において神をも認識する。事実、律法が神のものであり、キリストを目指して理解されるだろうからだ。「自分の主に固有のことを正確に追い求めること」(同上Ⅱ・7・12)が、すべての信仰者が必要とする務めである――これが生きた関係の特徴なのだ。ちなみに、カルヴァンは、ここで一貫して認識の進歩を信じている。認識の強調とならんで、律法はキリスト教的な生活の実践的な遂行にも役立つ。ここで律法は、「正しく、義なる生活の規準」（同上Ⅱ・7・13）として考えられている。この点で、旧約聖書の律法も、決して無視されず、むしろ、新たな有効性を与えられているのである。

カルヴァンの情熱的な神学の大きな部分はここに位置づけられる。旧約聖書と新約聖書に見いだされるべき指示の現在における有効性と意義へのカルヴァンの問いが彼を駆り立てるのだ。たとえば『キリスト教綱要』における彼の十戒解釈は、彼が絶えずこのように動いていることを示す。一方で、戒めは神的であり、それゆえ無条件に有効である。だが他方で、戒めは神の働きから切り離されず、それゆえ、キリストから解釈されるべきであり、したがって、戒めは決して律法的に、つまりそれ自身に根拠づけられる仕方で理解されてはならない。そうなると、戒めは、良心を拘束するだろうし、遵守しない場合には永遠の罰の判決を下し、その場合、非キリスト教的に理解されるだろう。この関連でカルヴァンは律法に関するパウロの批判的な発言も理解する。それは、律法が無視されるべきであるかのごとくに、理解されてはならない——むしろ、信仰者は、律法の誤った、つまり拘束的な性格から自由にされるのである。

この新しい律法理解は、本来は、古い根源的な理解である。そのため、カルヴァンは律法の旧約聖書的な扱いと新約聖書的な扱いに決して原則的な区別を見ることもできない。また、それゆえ、カルヴァンは福音と律法とのあいだに決定的な区別を見ることもできない。祭司、預言者、王であるキリストの到来という光の中で、キリストの指示は福音的であり、喜ばしい使信を発散し、放射する。福音も律法も独立した命題ないし規則になることはなく、神の人間との契約への絶えることのない継続的な関係を必要とするのである。

このことは、戒めに関する教会の取り扱いにとっても影響をもつ。旧約と新約の戒めが良心を苦しめるとしたら、それらが無条件の権威を伴って主張され、神的な恩恵にとって変更可能でもなく、明瞭でもないとしたら、それらは正しく見られていないのだ。教会の呼びかけあるいは要求は決して問題ではない。そして、それゆえに、カルヴァンの律法理解の基本的な特徴は、『バルメン神学宣言』第二テーゼにおいても見事に表現されている。

「イエス・キリストは、われわれの一切の罪の赦しについての神の呼びかけであるのと同様に、またそれと同じ厳粛さをもって、彼はわれわれの全生活に対する神の力ある要求でもある。彼によってわれわれは、この世の神なき束縛から脱して、彼の被造物に対する自由な感謝に充ちた奉仕へと赴く喜ばしい解放が与えられる」。

「われわれがイエス・キリストのものではなく他の主のものであるような、われわれの生の領域があるとか、われわれがイエス・キリストによる義認と聖化を必要としないような領域があるとかという誤った教えを、われわれは斥ける*」。

* Barmer Theologische Erklärung vom Mai 1934: G. Plasger/M. Freudenberg (Hg.), Reformierte Bekenntnisschriften, Göttingen 2005, 243.〔訳文は『信条集　後篇』新教出版社、一九五七年、三二一―三頁に拠る。〕

第九章　聖霊の主要な業――信仰

聖霊は、人間に信仰を贈与することによって、彼らをイエス・キリストに結びつける。キリストにおいて人間に贈与された恵みの業は、ただ信仰においてのみ――心と知性、両者によって――認識されうる。とはいえ、信仰はこの世の実情の下で繰り返し試練にさらされる。けれども、人間は信仰において、この試練よりも霊の業のほうがより力強いことに信頼を置くのである。

カルヴァンが聖霊について他の宗教改革者たちよりも頻繁に、また徹底的に語っていることは、すでにたびたび確証されてきたことだ。そして三位一体の章では、カルヴァンが――神的な三位格の一性を疑うことなく――各々の位格の存在と働きを個別的に特徴づける固有性をどのように認めるのかが、明らかにされる。神学的な伝統において、聖霊には神の働きが全般的に帰せられる。このことは、カルヴァンが聖霊を神の「働きの力と効力（virtus et efficacia actionis）」（『綱要』Ⅰ・

13・18）と語るとき、彼にもあてはまる。

だが、カルヴァンの場合に注目すべきことは、彼が聖霊の活動を特に際立たせ、聖霊が信仰を生ぜしめる、と絶えず強調することだ。「聖霊の主要な業は信仰である。それゆえ、われわれが聖霊の力と働きに関する（聖書の）記述のいたるところで出会う発言の大部分は、信仰に関係している。というのも、聖霊は信仰をとおしてのみわれわれを福音の光に導くからだ」（同上Ⅲ・1・4）。カルヴァンは聖霊の業を限定しない。このことは『キリスト教綱要』の構成においても明らかとなる。第三篇と第四篇は信仰者、教会と世界における聖霊の業を主題にする。しかし、信仰が聖霊の「本来の業」（同上Ⅲ・2・39）である。それゆえ、カルヴァンの場合に、信仰と聖霊を互いに切り離すことはできないのである。

一　信仰は、聖霊によって一方的に開始し、同時に隠された伝達の行為であること

いま、次章で取り扱われる選びと予定に関する問題を見越すことができなくても、カルヴァンにとっては、人間が自分で、神への道を見つけること、神と自分自身を認識することなどまったく不可能なことは、しごく明らかだ。人間が罪人であること、彼が義認を必要とすることは、人間にと

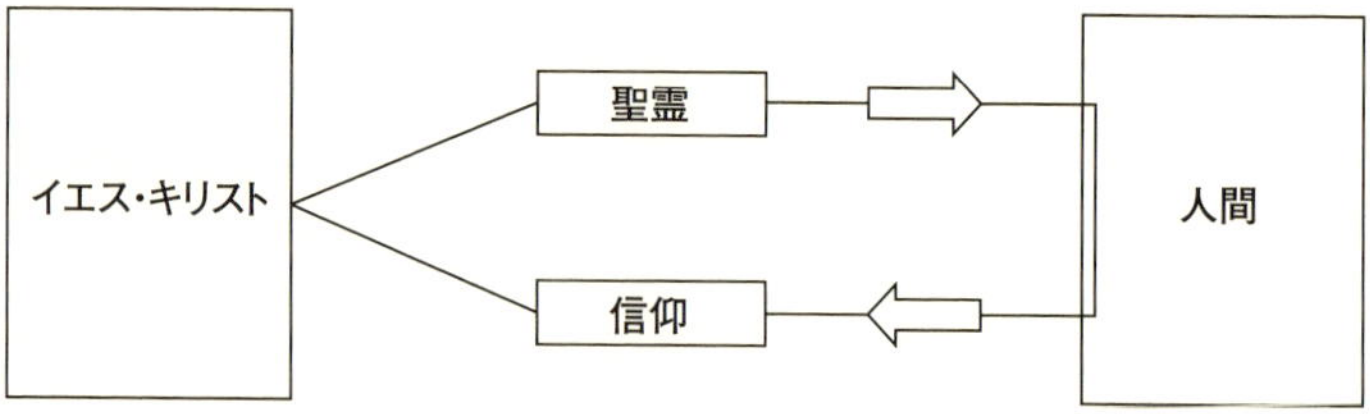

って決して自分で洞察できることではない。なおのこと、罪深い人間にとって、キリストが彼の義であるという認識は程遠い。このようなわけで、聖霊において人間にこの義を与えるのは、神自身だ。信仰は、聖霊の贈り物であり、人間の選択ではないのである。

すると、神の側で一方的に開始するこのコミュニケーションについては、直接的に洞察されない、とも言われるべきだ。すべての人間が、三位一体の神を信じるわけではなく、また信仰は外から見分がつかない。そのため、カルヴァンは、「聖霊の隠れた活動」（『綱要』Ⅲ・1・1）ということを言う。この直接的に見て確かめることも証明することもできない聖霊の働き方には、単純に従来のカテゴリーを用いて聖霊について語ることができない、という困難と魅力が伴っている。それゆえにカルヴァンが詳細に吟味した、信仰に関するあらゆる記述は、つぎの点によって規定される。すなわち、彼は人間において起こる何かを述べており、その何かにとって言葉それ自体がまったくふさわしくなく、それゆえ常に近似の記述にすぎない、ということだ。したがって、聖霊の働きは、外側の者にとって見ることができないというだけでなく、信仰者にとっても簡単にどうにかできるものでも、定義できることでもないのである。

二　信仰は、キリストと人間との贈与された交わりを示す

聖霊が人間に到来すると、何が起きるのか。聖霊は、人間をキリストに結びつける。「聖霊は、それをとおしてキリストがわれわれを有効に自分自身と結びつけるきずなだ」（『綱要』Ⅲ・1・1）。それゆえ、信仰は、出会いの生起として、そして人間とキリストが相互の交わりをもつ出来事として、記述される。カルヴァンによると、この交わりにおいて、マルティン・ルターが語ることができたのと同様に、「喜ばしい交換」（『キリスト者の自由』第一二）が起きる。というのも、キリスト自身が自らを贈与し、われわれの生に参与するからである。

「すなわち、イエス・キリストは、われわれの生との交わりをもち、また彼が所有するものすべてが、われわれのものとなるだろう。そして彼はわれわれの中に住むことを欲し、それは単にわれわれの想像の中に住むのではなく、現実に住むのである。ただし、地上的ではなく、霊的に住むのである。そして何はともあれ、彼は、彼の聖霊の力をとおして、われわれが、身体の四肢よりも緊密に彼と一つになるように働くのである」（『イエス・キリストの受難について

の説教』〔Calvini Opera 46, 953〕)。

この緊密な結びつきは、もちろん、いま、神秘的に体験されうるのではない――そのようなことがあるとしたら、カルヴァンによると、これは、まだあまりにも地上的であり、それ以上に、すでに信仰においてすべてを把握できることを意味しうることになってしまうだろう。だが、信仰は、地上では、永遠に帰せられるべき、はるかに偉大な栄光の種子にすぎないのだ。人間は信仰においてキリストの中に消滅していくのではない。しかし、人間がまったく変わらない、と言うこともできない。むしろ、聖霊は「われわれを生まれ変わらせ、われわれを新しい被造物にするのである」(『ジュネーヴ教会信仰問答』問九一)。

三　信仰は認識と確信であり、心と知性を包含する

カルヴァンが信仰について明確に規定しようとするどの言葉にも、彼が正確な言葉を求めて苦闘していることが見て取れる。信仰は認識である、そうカルヴァンは繰り返し強調する。だがすぐに彼は付け加える。それは、認識対象の端的な定義を内容とするような認識ではない、と。キリストの認識は、「より高度で、それゆえ、人間の霊は、自分自身を超えて上昇しなければならない」

（『綱要』Ⅲ・2・14）。信仰は、われわれの知性（悟性）の通常のカテゴリーによって捉えることのできない何かを、聖霊がわれわれに証言するということからのみ、認識として理解される。この認識は、それゆえ、決して純粋に知性的に捉えられる活動ではなく、そうではなく——この語が旧約聖書と新約聖書でも用いられている場合のように——交わりの出来事なのだ。つまり、キリストがわれわれのために獲得したことを、神的な霊がわれわれの霊に証言し——そしてわれわれはこのことを認識し、信じる、ということだ。この場合、知性は排除されず、むしろより高度な仕方で働かされる。しかし、知性は、それ自身ではこの認識に達することはできないので、キリストと彼の恵みの業を認識するために「照明され」ねばならない。知性は、信仰において排除されることはなく、理解と認識の新たな次元が触れられるから、まさしく強められる、とすら言うことができよう。知性は、自己自身を超えて力を強め、新しい次元に入る。このことがなければ知性には固有のさまざまな制約（たとえば、うつろいやすさ、有限性など）があるが、それらが突破されるのだ。カルヴァンによると人間は聖霊によって人間全体として動かされるから、知性も動かされる。このため、カルヴァンが、信仰はもっぱら感情として特徴づけられるべきだとする、とりわけ近代で慣例となっている分類と一致しないことから、知性主義に従属している、とされることもあった。けれども、知性は人間全体ではないのである。

それゆえカルヴァンは、聖霊は心にも到達する、と常に付け加える。確信を与える聖霊の力が働いて、キリストの恵みが「われわれの心に証印される」（『ジュネーヴ教会信仰問答』問九一）のである。ここには――いますぐに解明することはできないが――カルヴァンのサクラメント論との結びつきが見て取れる。というのも、ここでも「証印」という概念が登場し、また聖霊が、われわれに到達するために目に見えるしるしも用いるからだ。ここで――それがカルヴァンの堅い確信だが――聖霊は、困難な仕事を担わなければならない。「というのも、不信仰はわれわれの心の奥深くに居座り、根を張るほどになっているため」（『綱要』Ⅲ・2・15）、キリストへの信頼が自ら生じることはないからである。けれども、人間本性の目からはうまくいくはずもないこと、つまり人間がキリストの約束に全幅の信頼を置くことが、聖霊には――あらゆる人間的な堂々巡りに対して――うまくいくのだ。聖霊によって、人間は単に外的に捉えられるだけでなく、内的に捉えられるので、「静穏な確信をもって神の面前に歩み入る」（同上Ⅲ・2・15）ことができるのだ。神の約束への信頼は、平安を引き起こし「静穏と喜び」（同上Ⅲ・2・16）をもたらすのである。

ただし、つぎのことも知っておかねばならない。すなわち、信仰を脅かす「試練の重圧がすさまじい」（同上Ⅲ・2・17）という別の経験が、この信仰の認識と聖霊の働きを守り立てる、ということだ。この次元なしに、信仰は有限性という諸条件の下では得ることもできない。信じることと見ることとは区別されるべきだからだ。それゆえ、カルヴァンは信仰を強さと弱さの弁証法においてのみ説明する。一方で、信仰はきわめて強いものと見なされる。聖霊が人間の心を捉え、安らかにする以上、信仰は人間の生を完全に変えるからだ。だが他方で、信仰は常に弱まり、不完全な信仰だ。「この世の生において、実際にわれわれに与えられうるのは、神の知恵のほんの一かけら」（同上Ⅲ・2・20）だからだ。しかし、最も弱い信仰でも、「まぎれもなく確かな味わいを」（同上Ⅲ・2・20）感じさせるため、量ではなく、むしろ信仰に内在する質が決定的なのである。

四　信仰の質とは、キリストの恵みの業の認識であり、キリストの恵みの業への信頼である

信仰にとって決定的なことは、聖霊が人間をキリストに結びつけ、それによってキリストの恵みの業が人間に到来することだ。信仰者は、祭司、預言者そして王としてのキリストが獲得したことの分け前に与るはずである。これはつぎのことを意味する。

聖霊は、キリストが人間の義であり、それゆえ人間は神と和解させられるという確信を人間に与える。このことは、ほとんど逆説を意味する。一方で、人間は自分を罪人として認めることが人間の自己認識にとって中心的であり――同時に、罪人としての存在は人間の自己同一性を形成しているのではない。そうではなく、罪は赦されているのだ。イエス・キリストが人間のために死を自ら引き受け、罪の結果としての死を「葬り去った」からだ。それゆえ、人間は義とされた。むろん、

この新しい義は、人間的な本質の構成要素とはならない。宗教改革時代、神学者アンドレアス・オジアンダー（一四九六頃—一五五二年）がこのことを主張し、カルヴァンの（カルヴァンだけではなく）観点から人間を神化した。いや、変わりはない、とカルヴァンは言う。キリストの義であることに何ら変わりはなく、それがわれわれのものとなるのだ。だが、このことは、キリストの義が人間に単に加えられることを意味するのではない。そうだとしたら、神は人間を義と見なすだけで、人間が変わることはないだろう。むしろカルヴァンが強調することは、人間が義とされることによって、キリストの義の領域に入るよう手助けされるということ、すなわち、聖霊が人間の内に住んで、人間をキリストへと引っ張っていく、ということなのである。

「それゆえ、われわれは、聖霊がわれわれを引っ張っていくのでなければ、決してキリストのもとに行くことはできない。われわれは、聖霊によって引っ張られると、それによって、われわれは、知性と心においても、自分たちが捉えることができることをはるかに超えて、高められるのである」（『綱要』Ⅲ・2・34）。

聖霊は人間に、イエス・キリストが真実の言葉であること、それゆえまた聖書が彼について正しく証言している、という確信を与える。この考えは、すでに聖書についての章でも強調された。聖書はそれ自体では人間的なテクストにすぎない。けれども、聖霊が人間の知性と心に、聖書は単に聖書記者たちの語ることについて報告するのではなく、神自身について証言しているということを、告知するので、聖書に聞き、聖書を読む者に霊的な認識が生じる。聖霊は信仰を与え、それゆえ、聖書がキリストにおける神の働きを証言するという認識と信頼を与えるのだ。ここでもカルヴァンは、戦いの状況、すなわち、不信仰が人間に襲いかかり、彼を害する可能性を予想するが、しかし最終的には、カルヴァンによると、神の言葉が信仰の楯となるのである。

カルヴァンは、方法論的には、神学的な認識における一種の循環を述べている。聖霊は、聖書が信じるに値するという信頼を与える。他方、聖書は、神が聖霊をとおして信仰を与えることを証言する。だが、このことは、つぎのことも意味する。すなわち、これまで述べられた発言のすべては、ここで説明された信仰を前提とし、また霊のこうした活動なしには成り立ちえない、ということである。

聖霊は、イエス・キリストが世界、そして教会と個々人の生において支配しているという確信を人間に与える。このことは、確かに、一見すると他の支配者がこの世界で統治しているように思われることが時としてあっても、イエス・キリストのこの支配が信じられるべきだという慰めを与える。このことはまた、信仰がしばしば非常に弱く、「ほんの滴」（同上Ⅲ・2・19）にすぎない場合もあるから、慰めを与える。だが、このことは、キリストが実際に信仰者の生において支配し、彼らを用いるのだから、一つの要求でもある。ところで、カルヴァンは、ここで一貫して信仰の成長を予想している。神の顔を観《み》ることが「われわれにとってまさしく一歩一歩前進することで確実となる」（同上Ⅲ・2・19）――これが関係の特徴である。それゆえ、聖霊は人間に彼らの義認の確信だけでなく、彼らの聖化への信頼も仲介する――聖霊が信仰において人間をキリストと一体化するので、義認と聖化は分離されえないのである。

五　天国への道としての信仰

カルヴァンが繰り返し強調することは、信仰とはキリストが彼に属する者たちを聖霊をとおして自らに引き寄せるための「道具」（『綱要』Ⅲ・11・7）にすぎない、ということだ。それゆえ、カルヴァンの場合、最終的に問題となるのは信仰それ自体ではない。つまりカルヴァンは、たとえばルターほどには信仰に注意を払わない。というのも、カルヴァンにとって、より重要なことは、聖霊が信仰をとおして引き起こすこと、すなわち人間がキリストと一つになることだからだ。キリストは「われわれを彼のからだに結合し、それによって彼のすべての恵みと賜物だけでなく、彼自身を分け与えたのだから」（同上Ⅲ・2・24）、――カルヴァンの場合ほとんど決まりきった言い方だが――霊は人間の心の中に住むのだ。したがって、カルヴァンは、現在にまでいたるイメージをひっくり返す。信仰は、人間の構成要素ではなく、それゆえ、人間が意のままにできる確信と混同することはできない。それどころか、カルヴァンによると、神が人間を信仰において新たに創造する行為の主体なのだ。罪のある人間は、信仰において新たな被造物となる。このことは、人間が聖霊をとおして神の救済の行為に呼び込まれ、神的な歴史の一部となることによって生じる。信仰において人間は、キリストが彼の義となることによって、義とされる。信仰において人間にとって重要なことは、彼がキリストの戒めに応じて生きることができ、また生きるべきだということであり――聖化は賜物であると同時に務めでもある。それゆえ、人間の主体性は、早まって考えられるように、決して廃棄されることはない。むしろ、信仰において人間の新しい、真の自己（Ich）が創造される――信じることによって、人間が人間になるのだ。人間は、彼が神を認識し、神に信頼することによって、自分の人間存在に一致する。人間がキリスト自身に参与するところで、彼は神の似像性をも実現する。信仰において、聖霊は人間をキリストへと高めるのである。

するど、つぎのような疑問が生じうる。すなわち、カルヴァンは人間を高めることについて語っているのだから、彼はこの論証によってキリストが人間となったことを不必要にしてしまったのではないか、と。だが、これは、カルヴァンにとって考えられないことだ。というのも、カルヴァンは神の契約の歴史から考えているからだ。イエス・キリストは、低い状態そして十字架への道を歩み、罪人に代わって死を自らに引き受けたからだ。受難日には復活節、イエス・キリストの復活が続く。それゆえ、カルヴァンに従うと、人間もまた低い状態への道に留まっていてはならない。十字架は――この点でカルヴァンはルターに従う――人間の義認の決定的な場所なのだ。復活し、今や統治するキリストは、聖霊をとおして、人間を彼の義の中に引き入れ、そしてそれによって、人間を――同様にまた聖霊をとおして――彼に倣う者とするのである。

人間をこのように高めることは、目下のところ――カルヴァンはこれを繰り返し強調するが――信仰において行なわれることであり、直視においてではない。人間は、自分が新しい被造物であることを、知性と心において認識し、それに信頼することが許されている。それどころか、この信仰の現実は、キリスト者にとって決定的でより高い現実ですらある。だが、この時、この場所においては、それは、さまざまな兆しにおいて経験されうるだけで、まったく経験されないことすらもある。そして試練が、聖霊の賜物、信仰を脅かす。だが、カルヴァンは、あらゆる試練、あらゆる疑いよりも、最終的に聖霊に寄り頼む。したがって、それは、われわれがしばしば行なうよりも、より信仰に寄り頼むことである。確かに、信仰は聖霊の最も卓越した業だからである。

第一〇章　神の選びの働き

カルヴァンの選びの教説における決定的な意図は、確認ということだ。人間の信仰が人間に与えられることになっている救いを保証するのではなく、人間の信仰に先行する神の働きがそれを保証する。神は救いと奉仕へと選ぶ――選びは責任へと呼び寄せる。とはいえ、カルヴァンは、もはや今日ではほとんど理解できない二重予定説を主張した。すなわち、ある者たちが選びに属し、論理的な裏面として、他の者たちが遺棄に属するという説である。

何百年来、神の選びの働きに関するカルヴァンの見解は、カルヴァンの神学に対する批判的な問いの原因となってきた。伝統的には、この理解は「二重予定説」という概念で理解される。「二重予定」という概念で普通に理解されているのは、神が、自分との永続的な交わりに予定した者たちを選ぶことに積極的であるだけでなく、永遠の救いに予定されなかった者たちに対する能動的な遺棄の働きをも行なうということだ。ときには「二重予定説」が、カルヴァンの主要な教説であるとすら見なされる――これは、もはや今日では正当な理解として支持されることはほとんどない。

しかし、二重予定説への問いの背後には、実際には、少なくとも二つの異なる問いが隠されている。一つは、一方的に神の選びが出発点にされるとしたら、その場合、人間はあまりにも受動的と見なされるのではないか、という問いだ――ここに人間の自由意志に関する議論全体を位置づけることができる。この問いは根本的に選びへの問いに関わる。もう一つは、カルヴァンが神の能動的な遺棄の働きを強調することで、行き過ぎたのではないか、それゆえ、問題含みの神理解をもっているのではないか、という問いである。

カルヴァンは、彼にとって重要な選びの教説に関する自分の理解を、さまざまな形で、詳細に主題化した。そのさい、彼の扱い方は、さまざまな著作において、さまざまな強調点をもった、さまざまな問いかけに基づいている。カルヴァンが自分の理解を神学的に最も濃密に、最も明確に記述したのが、彼の死後初めて公刊された書物『神の永遠の選びについて（一五五一年）』である。* だが、この書は、すでに一五五一年に、ジュネーヴの牧師たちと会衆一般の前でなされたカルヴァンの講演にさかのぼる。

＊ Congregation faite en l'eglise de Geneve, en laquelle a esté traittée la matiere de l'election eternelle de Dieu. テクストは、Calvin-Studienausgabe Bd. 4, Neukirchen-Vluyn 2002, 79-149 に収録（以下、引用にさ

いしては本書の頁数を記す）。この講演が、ここで示される説明の出発点であり、ここから一五五九年版の『綱要』の詳細な議論を見ることにする。

一　選びは信仰に先立つ

「選びは信仰に先立つ」という命題は、前章で「聖霊によって一方的に開始する伝達の行為」と呼ばれたことに従うと、同じ事情をもう一度強調しただけだ――ここでは、信仰の観点からだけであるが。われわれが、われわれの信仰を「形成した」のではなく、信仰は神に由来する。カルヴァンは、自分の根本的な命題を以下のように簡潔にまとめる。

「というのも、全人類が堕落と破滅に陥っているのを見る神は、神によしとされる者たちをまったくの恩恵によって救い出し、彼らを見、救い出すことによって、彼らを自分のもとに招く。これこそが、決定的な手段だ。だが、何よりも選びが優先する。選びが先行し、他方、信仰は順序からすると次である」（『神の永遠の選びについて』一〇三頁）。

それゆえ、選びは、人間を破滅から神の側に救い出すことであり――そのため信仰は、選びに先立つことはできない。これは人間の破滅を十分に考慮していないからだ。そして――実際、このことは、神認識と自己認識の基本的な特徴だったが――カルヴァンによると、神認識と自己認識は、成長すると、ますます強く自己自身を罪人として見なし、ますます明確に神を慈しみ深く、恵み深い者と見なすのである。

ここで共に歩むことができない者、神的な選びを第一の決定的な歩みとして共に遂行できない者は、あまりにも楽観的であり、人間の神からの隔たりについて誤った考えを持っているのだ。人間は、自分自身では、神を選ぶことなどまったくできないのである。

問われるべきは、われわれが――本来――神との隔たりにおいて生きているとしても、カルヴァンがこの選びの行為を何に基礎づけたのか、ということだ。答えは、むろん驚くべきことではないが、キリストから見ることである。というのも、神は、キリストにおいて、「憎むべき者であるわれわれを」（同上九七頁）、親しく、愛において見るからである。神が人間をイエス・キリストにおいて選んだことを、カルヴァンはエフェソの信徒への手紙一章から読み取る――彼は、自分がこの根本的な方針において、確実な聖書的土台に基づいていることを知っている。彼にとって重要な証人は、パウロとヨハネのテクストである。

したがって、この選びに続く信仰は、人間がそれによって神に気に入られるところの「業」としては理解されえない。カルヴァンに対する批判的な問いの一つは、神の「予知」について、もっと語られてはならないのか、という問いだ。つまり、神は、最初からすでに、誰が信じることになるのかを知っており——つぎに、この者たちが選ばれた者たちとなる、ということだ。だが、カルヴァンは、これによって結局、信仰がまたも救いのための業にされてしまうではないか——これこそが、欠陥のある自己認識を証拠立てるだろう、と考える。そうではなく、選ぶのは神であり、神だけだ。信仰自体には、いかなる協働して救う力も内在せず、それゆえ、信仰の価値ないし質は無関係なのだ。したがって、その形は救済のためのいかなるしるしでもありえないのである。

二　神の決定は見通すことができない－それでも正しい

ただちに第二の問いが立てられる。神は、見たところわずかな人間を選び出し、すべての人間を選び出すわけではないが、その根拠は何か。この根拠が人間にはなく、それゆえ、人間の信仰も人間の行為もその原因ではないとすると、すぐつぎの問いが生じうる。神のこのような選抜は、単に不公平というだけではすまされないのではないか——あるいは、少なくとも恣意的と呼ばれるべきではないか。この問いに対するカルヴァンの答えは、誰を選び、誰を選ばないかは、神の、神の決定であるから、それゆえに、正しくかつ善である、というものだ。同時に、神のこの決定は理解されえないのである。

「それにもかかわらず、われわれが断固として確信していることは、神は、たとえ、それらが、われわれにどれほど隠されたままであろうとも、自分が行なうことを行なうための正しい根拠をもっており、またわれわれが理解しない事柄も、それゆえに、決して偶然に起きるのではない、ということである」(『神の永遠の選びについて』一二〇頁)。

それゆえ、神の選択は不当ではありえない。というのも、その場合、正当と思われることについて人間的な尺度が転用されることになるからだ。したがって、それは――人間的な尺度によって考えられる場合だけ――恣意と理解されうるだろう。だが、この尺度は神にはあてはまらず、それゆえ、カルヴァンは、自分が神とは誰であるかを知っているからだ、としか述べることができない。すなわち、神とは、人間にとって慈しみ深く、恵み深い神なのである。ここでもまた視点は決定的だ。不当という判断がなされるとしたら、それは結局、中立的な観察者の視点からのみ可能なことだろう。しかし、キリスト教的な正しい信仰告白は、「私は、神に気に入られることのできるようなものを、自分のうちに何一つ持っていないのに、それでも神は、私を、彼の民になるよう、選び出した」(同上一二八頁)と述べるのだから、恣意ないし不当を語ることは適切ではなく、そうではなく、キリストにおいて認識されるべき恩恵を誉め称えることが適切なのだ。それゆえ、神の選択は、それが神の選びであるがゆえに、正しい。カルヴァンは、これについて外からの論拠をもたない。それどころか、カルヴァンは聖書の証言と彼の神学の根本的方針を頼みの綱とするのである。

三　神の選びは責任を呼び起こす

しかし、近代の人間にとっては、おそらく、つぎのような問いが残るだろう。すなわち、このことによって人間の主体的な存在が排除されるのではないか、という問いだ。神が選ぶ主体だとすると、人間はまったく受動的な役割しか果たさないのではないか。それゆえ、この点について、カルヴァンに従う『ハイデルベルク信仰問答』が「この教理は、人間を無頓着で不敬虔にするのではないか」（第六四問）と問う。

この問いは、人間が無責任にならないか、彼の生活態度とは無関係に召命される、まったくの客体にならないのか、と言うのだ。そして、自分の召命のために、どのみち何もできないとすると、人間は、実際いかなる否定的な結末も恐れる必要がないから、戒めに適う生活がまったくなされないという危険がある。

だが、この問いはカルヴァンによると、選びの目的がいったい何であるかを、理解しなかったことを意味する。一方で、選びが、もはや死を限界としてもたない、神との永続的な交わりであることは、カルヴァンにとって重要である。ただし、ここで死後の永遠の存在だけを考えるとしたら、あまりにも不十分だろう——むしろ、神との交わりは、この生においてすでに、それ固有の特質をもっているのである。

選びは救いのためにも十分だから、ひとは善を行なうことをやめる——そして同時に、選びが定めた目標は、われわれが、善を行なうことに熱心に励むべきである、とはいったい何という鋭い矛盾だろう（『綱要』Ⅲ・23・12）。

というのも、信仰は、イエス・キリストにおいて贈られた神との交わりの中で、単に聖化を含むだけでなく、まさにそれを条件とする生活様式だからだ。カルヴァンが語ったように、神は、人間を選びにおいて自分の側に引き寄せる。そして、神の側で、戒めはそれらの本来的な意味において全面的に明らかになる。神の選びは、人間を無責任にするのではなく、責任へと呼び寄せる。神は選ぶ者を、神の栄光の証言、神の奉仕へと選ぶ。そうすると、ここに律法の積極的な理解も位置づけられるべきだ。選ばれた者たちは、律法の中に神的な意志の方向を認識するから、喜んで神に服従し、律法を自分たちのために活用しようとするのだ。というのも、カルヴァンにとって、「神は選んだ者を、神の聖霊によって支配する」（『神の永遠の選びについて』一二四頁）ことが重要だからである。

四　神の選びは遺棄を含む

神は、全人類からすべての者を選ぶのではなく、ある者たちを選ぶ。そして、神がある者たちを選ぶ場合、カルヴァンは、その場合に遺棄された者たちが存在するはずだ、という論理的な結論を引き出す。というのも「一方が他方の結果をもたらす」(『神の永遠の選びについて』一二八頁)からだ。そしてさらに先で、カルヴァンにおいて、「神は、彼らを選出せず、選ばないかぎり、彼らを遺棄する」(同上一三四頁)と言われている。このカルヴァンによる一五五一年の著作だけに従うならば、遺棄の行為は、原理的に選びの裏面である。神がある者たちを選ぶ場合、まさにその場合、神は他の者たちを遺棄するはずである。たとえば、テモテへの手紙一、二章4節は、神はすべての人が救われることを望んでいる、と述べているが、こうした個別的な聖書の言明は、カルヴァンによると、神の選びの行為の全体的な関連から引き離されてはならないのである。

カルヴァンの出発点は、人間が自分の罪のゆえに神からの疎外にあるということ——言い換えると、人間は遺棄されている、ということだ。人間に未来はない。キリストにおいて認識されるべき選びの働きは、ある者たちをこの遺棄された状態から救い出すことだ——選抜の根拠は、これがカルヴァンにとって重要だが、人間には近づくことのできない神の知恵において、神だけが知っている。神が選ぶ者として信じられるべきだとすると、その場合、神と無関係な、ある空白が考えられうるのか。選ばれた者に属さない者たちは、もはや神が支配する領域にいないのか。これは、カルヴァンによると、神の無能力が主張されることになるので、ありえない。そうすると、この点でカルヴァンが特に前述の著作『神の永遠の選びについて』において、遺棄された者たちに関して神の自らの能動性を書き記していないことは奇妙である。この著作では、遺棄はむしろ選びの純粋に論理的な裏面である。選ばれた者たちがいる、それだからこそ、選ばれない者たちもいる――彼らは、いわば遺棄されたままの者たちである。

これに対して、一五五九年の『キリスト教綱要』には、明らかに問題となるいくつかの文章がある。

「というのも、神は、（遺棄された者たちを）神の怒りの道具そして神の厳格さの例証とするために、生の恥辱と死の滅びへと創り、彼らがその終局にいたるために、彼らから、神の言葉を聞くための能力を奪い、説教によってただひたすら彼らの心をくらませ、頑なにするからである」（Ⅲ・24・12）。

ここでは、遺棄された者たちに関する神の能動的な働きが明らかである――しかも、ここでカルヴァンは、他の箇所よりもさらに進んでいる。最後の文は、キリストにおける選びの認識と一致しえないことから、当然、さまざまな問いが提起される。ヴァルター・クレックは、ここにカルヴァンの場合、「全知、全能、あらかじめすべてを定める神の本質の概念が、神はキリストにおいてのみ認識されうるという、他の多くの言葉を」覆い隠しかねない、という危険を見る。* そして、クレックの主張は正しい。カルヴァンがこの言葉を語っているところで、彼は論理的な諸帰結から外れて推理している以上、ひとは彼に異議を唱えざるをえないだろう。だが、カルヴァンに見られることは論理だけではない。彼の場合でも、『奴隷意志について』という著作でまさしくカルヴァンと同じ理解を表明するマルティン・ルターの場合でも、ローマの信徒への手紙九章の個々の節の解釈学的な引用がある。今日、われわれが、宗教改革者たちよりもより明晰に知っていることは、ローマの信徒への手紙九—一一章においてパウロは、〈教会とイスラエル〉そして特に〈神とイスラエル〉の関係を熟考し、そして神のイスラエルとの特殊な道程との関係で神の選びと遺棄の行為を考えている、ということである。それゆえ、個々の節を普遍化したり、遺棄に転用したりすることは、今日の視点からすると、ローマの信徒への手紙九章から導き出すことはできないのである。

したがって、残るは、カルヴァンの二重予定説理解への問いだ。だが、知っておかなければならないことは、この問題の多い言葉が、『キリスト教綱要』を決定しているのでもなければ、カルヴァンの選びの教説を支配しているのでもない、ということだ——カルヴァンが、彼の思考過程の一貫性から論理的に発展させる、さまざまな発言がある。それらは、カルヴァンにおいて、彼の神学の中心でもない。同じく、ある特定の言葉への批判的な問いかけに、カルヴァンの選びの教説が関連づけられないことは、明らかである。

* W. Kreck, Grundentscheidung in Karl Barths Dogmatik, Neukirchen 1978, 308.

五　神の選びは確信を目的とする

本章を論じ始めるにあたり、私は、信仰が選びに続くのであって、その逆ではないことを指摘した。これがカルヴァンの論証の本来の目的であり、それは、とりわけ牧会的に理解されるべきだ。というのも、人間が選ばれているかどうかは、信仰の質からも業からも品行からも読み取ることができないとすると、いったい、神に属するために、信仰あるいは業あるいは品行は、十分であるのかという、それぞれの問いが自虐的な懐疑へと導くことになるからである。

カルヴァンは、彼の選びについての教説によって正反対のことを語ろうとした。もしわれわれが、キリストを重視するなら、彼「だけが生命の源泉であり、彼が救いの錨であること」（『綱要』Ⅲ・24・5）を知る。そして、選びは、神が人間をキリストにおいて選ぶことによって生起する。「それゆえ、キリストは、われわれが、われわれの選びをそこに直視すべき鏡であり、この鏡は欺くことができないのである」(同上Ⅲ・24・5)。

したがって、キリストにおける神の愛と神の救いを認識する者は、自分が選ばれていることを理解することができる。それ以上のいかなる根拠も求められてはならず、いかなる自己疑惑も口から漏らされてはならず、信仰の価値と強さについて、これ以上の自分を責め、消耗させる思い煩いは不必要である。というのも、これらすべては、自分の信仰、自分の信頼、自分の認識に目を向けているからだ。カルヴァンの関心は、むしろ、人間の中に、人間によって認識されうる、神の選びの行為のための根拠は、まったくない、ということだ。「神は、自己自身の中でこの決意を考慮した。われわれがこのことを認識するのは、われわれによって、神にふさわしく、神に栄光が帰せられるためなのである」(『神の永遠の選びについて』一一七頁)。

第一一章　神の聖化の働き

キリストとの交わりにおいて、人間に罪が赦されるだけではない。それどころか、信仰者は聖化されもする。その場合、聖化には、二つの相互に織り合わされた側面がある。一方で、神自身が、聖霊において、神の民を統治し、彼らを助けることによって、聖化の主体である。そして同時に、人間は、聖く、それゆえイエス・キリストへの信従において生きるという責任へと呼び出されているのだ。

カルヴァンの神学にとって重要なことは、神が選び、義とする働きに、神の聖化する働きが伴っていることだ。カルヴァンがしばしば「再生」とも呼ぶ「聖化」という語で、彼は、信仰者の生活を説明し、その生活の中で聖霊が絶えず新たに活動するのだ。すでに前章で示されたことだが、神の選びの働きは、人間が彼の召命にふさわしく生きるべき関係へと人間を呼び出す。選びには目標がある。けれども、ここでカルヴァンの言うことは、神が選び、それから人間が行動するというように、理解されるべきではない。そうではなく、神自らがイエス・キリストにおいて聖霊をとおして働き、生活態度と神の戒めの遵守において人間の力だけにまかせることはない——神が聖化するのだ。このため、聖化の主体が誰かという問いには、一義的に答えられない。一方で、聖霊において聖化するのは神自身だ。そして他方で、応答し、神の要求に適う生活を送ることを追求するのは、もちろん人間だ。神と人間という二つの主体が、ここでは特別な共同性に見いだされるのである。

一　さまざまな挑戦

カルヴァンが自分に対抗すると見なし、それらに直面して彼の聖化の教説を展開したさまざまな挑戦には三つある。

第一は、中世ローマ・カトリックの神学だ。ここでは、義とされた者の行為は、人間が神の前で功績を獲得できる手段と理解される。しかし、カルヴァンと宗教改革全体の見地からすると、これは、人間の業をとおして神と人間とのあいだの関係を改善するという、人間にとっても神にとっても十分に適切とは言えない試みだ。一方で、この理解は、人間の側からの改善をまったく必要としない恩恵を、あまりにも低く評価しているため、神にふさわしくない。他方で、それは、人間の罪が過小評価され、人間の行為が目的のための手段として誤用されているため、人間にもふさわしくないのである。

第二の挑戦は、いわゆるリベルタン〔自由思想家〕のそれであり、彼らの理解は、カルヴァンの『リベルタン論駁』*からだけ推察することができる。彼らの倫理的な根本的立場は、倫理の欠如ということにある。すなわち、彼らは、神が真のキリスト者のうちに住み、いわば彼らを我が物としてしまうということを根拠とする。その結果、キリスト者は神の現臨する霊によって常に導かれている以上、当然のことながら戒めにはいかなる価値もなくなる。カルヴァンがここに見いだす問題点は、神の配慮が、決定論に陥ること、これによると神が万事を決定し、万事を行なう実在であり、人間はもはや何ごとにも責任がなくなる、ということだ。しかし、これは聖書的な理解とは一致しない。というのも、神が律法を与えたのは、まさしく、人間がそれを守るためだったからだ。さらに、神がすべてを引き起こし、実際、罪やその他のことにも責任があるとしたら、神が邪悪な神とされることになろう——だが、神は善なる者であり善の原因なのである。

第三の挑戦は、マルティン・ルターの律法理解だ。カルヴァンは、多くの点でルターにきわめて近く、ルターとまったく同様に、義認の教理を神学の最も重要な部分と見なしているけれども（たとえ、それがカルヴァンの場合、ルターのように支配的ではないとしても）、彼は、旧約聖書と新約聖書における神の戒めがいわば廃止され、信仰が善き業をそれ自体から生み出すというところまでは、ルターに従うことができない。カルヴァンは、ルターが聖化と生活態度にあまりにも注意を向けていない、と考える――そしてこれもまた二つの理由から出てくる。第一に、それは、神の戒めが真剣に受け取られていないということから、神を切り離しているという点、そして第二に、人間が信頼して成長するには、あまりにも人間が過小に評価されているために、人間をも切り離しているという点である。

これら三つの挑戦は、神学的に複雑な課題をカルヴァンに課す。一方で、彼は、業による義に陥ることなく、神学的に人間の生活の価値を認めようとする。他方で、彼は人間の責任を放棄しようとはしない。そして結論として、神は人間の行為においても聖霊における行為者として現存するが、しかし、カルヴァンが神を決定論的に理解することはないのである。

* Contre la secte des Libertins (1541), in: Calvin-Studienausgabe Bd. 4, Neukirchen-Vluyn 2002, 235-355.

二　キリストとの交わり

カルヴァンがこの事情を明確にするために繰り返し用いる、決定的な概念とイメージは「交わり」であり、キリストがこれをわれわれに贈ることから、われわれはキリストと交わりをもつのだ。このことは、すでに信仰の場合にあてはまる。キリストは、聖霊において彼への信頼を贈り――そしてこの「水路」をとおして彼は自分自身を信仰者に贈与するのである。カルヴァンは、つぎのように、このキリストとの「第一の」交わりを、「第二の」交わりと比較する。

「キリストは、聖霊の内的な業をとおして、私たちを自分自身に結びつけ、彼のからだに受容したのち、彼は、われわれを霊の賜物において豊かにすることによって、さらに霊の第二の業を明らかにします。つまり、私たちが、希望と忍耐において強くなること、この世の快楽を冷静かつ控えめに差し控えること、肉の激情を抑制することに熱心に努めること、義と敬虔の追求が私たちのうちで力強く活動すること、祈りに熱心であること、永遠の生命への思いが私たちを向上させるなどです。第二の交わりからこれらが流れ出てくるのは、私は申しますが、キリストが、私たちのうちに住むことが無駄とならないように、彼の霊の力を明確な賜物において示すからなのです」(「一五五五年八月八日、ピエトロ・ヴェルミーリ宛書簡*」)。

したがって、聖化とは何かということは、キリストとの交わりのうちでのみ理解されうることであり、またそこに根拠をもっている。というのも、キリストが彼の霊を遣わすという指摘において意味されているのは、単に聖化の創始者が誰かということだけではなく、むしろ、キリストが、彼の本質をなす霊の一部を分かち与えるということだからだ。それゆえ、「あなたがたは聖なる者と

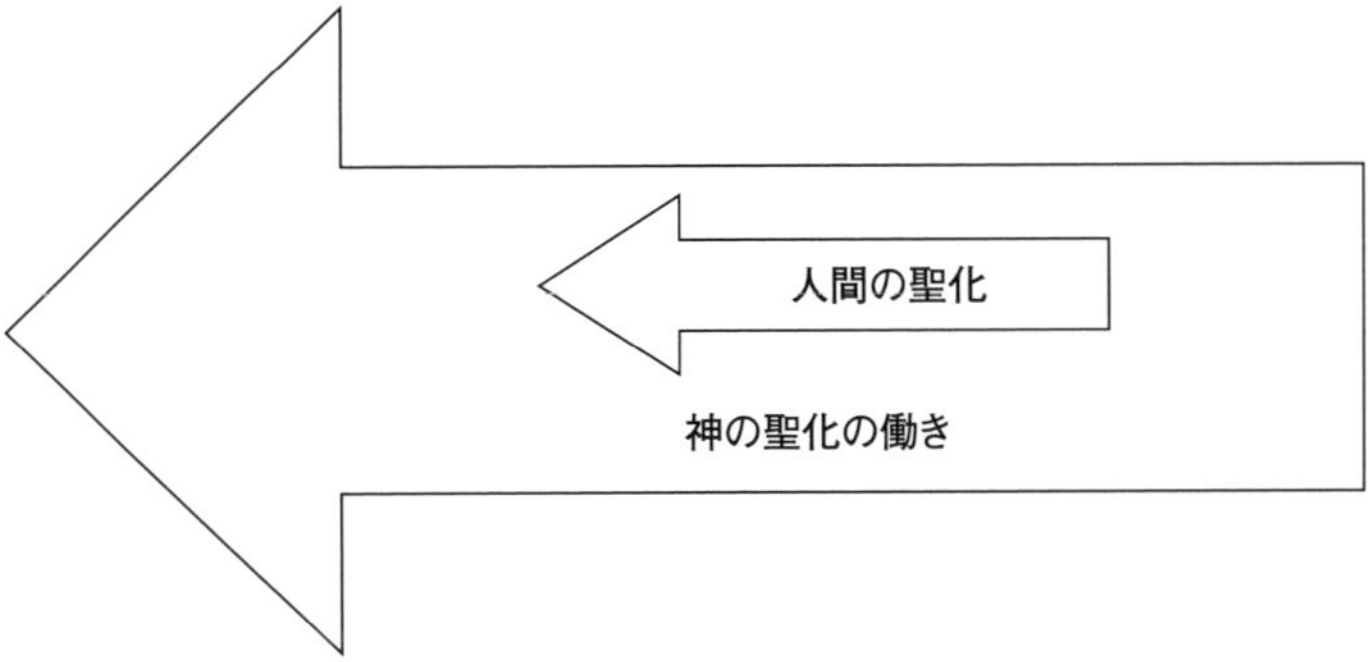

なりなさい、というのも、あなたたちの主、神は聖なる者だからである」（レビ一九2、一ペト一15―16）は、カルヴァンが頻繁に引用する聖書の言葉であり、これは、聖さの内的な形成を目ざしている。キリスト者の行為と生活の基準は、神であり、キリストである。聖いとは何か。聖いとは、神自身について語られるべきことだ。神の存在は聖く、神の働きも聖い。それゆえ、カルヴァンは、合わせてキリストについても「彼は、自らの聖化の果実を他の者たちに与える」（『綱要』Ⅱ・17・6）と語ることができるのだ。したがって、聖化とは、人間がキリストに信従することであり、彼において自分たちのための方向づけを獲得する、ということなのである。

この関係の中に、神の似姿としての人間に関するカルヴァンの理解も取り込まれる。すべての宗教改革者と同様に、カルヴァンも、人間が罪によって似姿性を喪失した、あるいは少なくともそれが曇らされた、ということから出発する[**]。だが、キリストは、神の完全な似姿であり、彼が義とし、選び、聖化する行為においいて、彼の民をこの似姿性の中に受け容れるのである。それゆえ、一方で、言われるべきことは、われわれ人間は、イエス・キリストの再臨後に、はじめて完全に似姿性へと変えられるが、すでに今もそれを目ざして形作られている、ということだ。というのも「われわれの父なる神は、彼のキリスト自身においてわれわれと和解したように、神は、われわれにキリストにおいて似姿をも示し、それに従って、われわれは神の意志どおりに、形作られることになるのである」（同上Ⅲ・6・3。カルヴァンはここでローマの信徒への手紙六章18節を指示する）。ここで、どのように創造と救済が相互に密接に関係するかが明らかとなる。というのも、十字架にいたるまでのキリストの従順をとおして、われわれは、創造に適うわれわれの本来的な規定の中に受け容れられるからだ。それゆえ、和解つまり義認の受諾と認識としての信仰は、事柄上は聖化に先立つ神の働きであり、同時に聖化と不可分だ。キリストは、彼の聖霊においてわれわれに信仰を贈り、われわれを聖化することによって、われわれに彼との交わりを贈り、彼自身とわれわれを結びつけるのである。

* R. Schwarz, Johannes Calvins Lebenswerk in seinen Briefen. Eine Auswahl von Briefen Calvins in deutscher Übersetzung von Rudolf Schwarz. 2. Bd.: Die Briefe der Jahre 1548-1555, Neukirchen-Vluyn 1962, 794.

** もちろん、今日のわれわれは、人間が罪によって神の似姿性を喪失したということを、解釈学的には、もはやそのまま繰り返すことはできない。宗教改革者の発言の根拠は、ローマの信徒への手紙一章23節と、人間が神の似姿へと呼び出された、という創世記一章の発言との組み合わせである。

三　聖化の諸側面

そこで、カルヴァンに従って、聖化の本質がどこにあるのかが問われねばならない。不十分を承知の上で、私としては、さしあたり以下の五点を挙げたい。

(1)自己認識という点からすると、聖化は、日常生活において罪の認識と「罪に対する憎しみ」(『綱要』Ⅲ・3・20)を引き起こす。しかし、これは、キリスト者がそのつど背後に置き去りにすることができるような、一回限りの行動ではない――ここでカルヴァンは、敬虔主義においてときおり考えられたような、方法的に秩序だった順序から出発しているわけではない。むしろ、罪に対する嫌悪そしてそれに続く神からの疎外に対する嫌悪は、そこにおいてキリスト者が修練しなければならない、恒常的な出来事だ。カルヴァンは、「自分を嫌悪することを、最もよく学んだ者」(同上Ⅲ・3・20)を、聖化において最も進歩した者と呼ぶことすらできる。重要なことは、この自己嫌悪そして、たとえば自己否定のような他の表現は、道徳的に誤解されてはならないということだ。罪は関係の阻害だ。そして聖化において進歩する人間は、自分が何も携えるものがなく手ぶらで神の前に立っており、神の栄誉となることも、栄誉を帰することもないことを、ますます認識するのだ。もちろん、キリスト教の歴史には、人間の罪性だけを話題にする傾向が存在した。カルヴァンはこの危険を知っており、そのため、罪の認識に関してそれだけで語ろうとはしない。むしろ、前提にあるのは、「人間は、まず義への愛が彼を捉えていなければ、罪を憎むことはない」ということだ。神認識と自己認識の関係について冒頭で述べられた循環を、ここにも認めることができる。

(2)カルヴァンによると、われわれは、本性上、決して義への愛に満たされてはいない。しかし、だからこそ聖化において、われわれが自分たちの生活を整え、神の義へと向かうことが重要なのだ。人間の選びは、それが人間の服従、つまり神の意志への人間の聴従を目ざすというように、機能の点から理解されるべきだ。それゆえまた、律法は、そこにわれわれが神の意志を見いだすのだから、それを満たす次元において、まさしく神の意志へと方向づけられる。カルヴァンがすべての宗教改革者と一致して教えるように、たとえ律法には人間に有罪判決を下す役割がないとしても――それどころか、人間は無罪という判決を下されるが――それでも「律法は、人間を教え、励まし、善へと刺激することをやめず」また「聖化へと熱心に努力するように」励ますことをやめない(同Ⅲ・19・2)。したがって、律法は聖化において助けとなる。このことは、カルヴァンにとって決して周辺的なテーマではない。というのも、実際、キリスト者の生活は、神に喜ばれるように生きることに、まさしく本質があり、それゆえ、服従は、外からの支配としてではなく、人間が自己自身に立ち返ることだと理解されるべきだ。人間が神の戒めに喜んで耳を傾けることによって、人間は神の意志との一致において生きるからである。

この律法理解を熟考すると、ただちに起きる疑問は、どの戒めが、いつ、また誰に適用されるのかということだ。カルヴァンによると、この点に福音的な自由が認められねばならない。一方で、律法は、補助的な手段にすぎず、決して自己目的ではないから、いかなる強制力も行使されえず、また行使されてはならない。他方で、この自由は、人間によって濫用されることもありうる。人間は、たとえば「兄弟たちの弱さがまったく顧慮されない」というように、「時宜をわきまえずに自由を行使」（同上Ⅲ・19・10）することによって、これを濫用するからだ。カルヴァンは、ここではとんど状況倫理に近いことを教える。個々の場合に、新たに熟慮がなされ、どの戒めが適用されるべきかが問われなければならないからである。

⑶適切な戒めは決して客観的に判断できないという認識そして神から疎外されて生きる人間という独特な自己認識から、カルヴァンは、もっぱらキリスト者の生活態度の不完全性ということをひんぱんに語ることになる。「大部分の者たちは、このような弱さに苦しめられ、よろめき、足を引きずり、地面にはいつくばって進み、進んでも取るに足りないのだ」（同上Ⅲ・6・5）。それゆえ、聖化は、戒めに従うために努力するようにという、人間への道徳的な呼びかけでは決してないということも、非常に重要である――これは個々の人びとに過大な要求であり、ことによると、隣人に

対する無慈悲につながるかもしれない。われわれは、神の助けを求めるよう指示されている――これは、特に戒めの遵守の場合にあてはまる。カルヴァンが神の霊に期待することは「われわれの心が律法に従うように形成されていること。それゆえ、われわれの意志は、神の意志に仕え、神の栄光をあらゆる仕方で高めることを最高の目標とすべきだ」（同上Ⅲ・14・9）ということである。それゆえ、ここでもまた一貫して二重の仕方で聖化の主体について語られる。一方で、戒めを遵守し、従順の訓練を受けるのは人間である。だが他方で、人間は、そのさいに神の助けを求めるように指示される。人間の心が、それ自身ではどうしても義への愛にふさわしくないからだ。この二つは、「われわれが身の程を忘れ、われわれの心が高ぶることがないようにするための謙遜の理由を」（同上Ⅲ・14・9）知らせるのである。

(4)神がその律法においても人間に好意的であるという認識は、特に自らの服従に関して自分自身の神からの疎外の認識をもたらし、そしてこのことが、改めて、人間を助ける神への期待を強める。この循環は、誤解を招きやすい「実践的三段論法・推論」（syllogismus practicus）に近づいていくための前提として重要だ。というのも、カルヴァンは、聖徒が「召命の果実を見て、自分たちが主によって神の子の地位に受け容れられたと見なす」（同上Ⅲ・14・19）、と語ることができるからだ。この表現方法の危険な点は、生活態度から選びへと推論（syllogisums）がなされうること、したがって、ひとが神によって選ばれているか否かということが、行為から、それどころか場合によっては結果からも読み取ることができる、ということだ。この点に関連づけて、社会学者マックス・ウェーバー（一八六四―一九二〇年）は、『プロテスタンティズムの倫理と資本主義の精神』において、異論が多く、カルヴァン自身にはまったく当てはまらない、彼の〈カルヴィニズム－資本主義のテーゼ〉を根拠づける。すなわち、選びを結果から読み取ることができるために、カルヴィニストたちは、万事を経済的に成功することに費やした、というのだ。いずれにしても、カルヴァンの表現方法が、誤解を招きやすく、問題が多いことは確かだ。もちろん、カルヴァンの意図は、全体の関連をよく考えると、はっきりしている。つまり、さまざまな果実があり、それゆえ服従がきちんとなされるとき、その場合、神自身が霊において働くことを知っているキリスト者は、ここで活動したのが神であることに信頼し、そのことを喜ぶ、ということだ。とはいえ、カルヴァン自身も自分の発言が誤解を招くことについて十分に気づいており、そのため、業を過大評価すること、あるいは業を人間的な義の根拠とすることに注意を促す。だが、カルヴァンのこの警告が、発言の問題性を避けるのに充分かどうかは、疑問とされるべきかもしれない。

(5)神の聖化の働きは、主体として人間と神自身を視野に入れる。このことがどこよりも明らかになるのが、人間によって語られるが、しかし神の働きを焦点にする祈りにおいてだ。それゆえ、聖化は祈りにおいて頂点に達するのである。

「われわれの希望のすべてとわれわれの豊かさのすべては神にあり、それゆえ、われわれも、われわれの持つすべてのものも、神の祝福をとおしてのみ、繁栄することができるのである。したがって、われわれは、われわれとわれわれが持つすべてのものを、常に神に委ねるのである」（同上Ⅲ・20・28）。

人間が神の聖化の働きを神に願うとき、このことは、さまざまな結果をもたらす。というのも、カルヴァンによると、「神の恵みは……同時におのずから、われわれの愛を」（同上Ⅲ・20・28）生じさせるからだ。祈りにおいて人間は神の恵みに加わり、そして神が彼の道を聖化してくれることを祈る――ここにおいて両者は出会う。だがそのさい、祈りの語句や形式は決定的ではない。それらは、キリストの執り成しによる浄化を必要とするからである。

それゆえ、カルヴァンは、聖化も包括する二重の義認ということまでも言うことができる。一方で、キリストは、罪を赦すことによって、彼の民を義とする。他方で、キリスト者の業は、清くはなく、神によって善とされるために、業の側で義とされることを必要とする。だが、このことが生じるのは、キリストが、彼の民の業をも慈しみ深く見つめ、われわれキリスト者が聖化の過程においても善となすことができないことを善となすことによる以上、カルヴァンは、危険を冒すことなく安心して、このように積極的に、聖化について、それゆえ、戒めの遵守について語ることができるのだ。実際、聖化するのは、神自身なのである。

第一二章　神によって選ばれ、そして形成されるべき教会

教会は、神によって選ばれる。それゆえに、まずは信じられるべきことであって、見られうるものではない。けれども、教会は、信じられた教会として、形成されるべき教会でもある。というのも、教会は、キリストのからだとして、その主に合致しなければならず、キリストとの交わりを生きるという課題をもつからだ。そのため、自らにさまざまな規定を課すが、それらは、そのつどの必要に応じるべきだ。その途上で待ち受けるはずのあらゆる試練において、教会は、神の庇護に希望をもつべきである。

『キリスト教綱要』は四篇に分かれるが、ずば抜けて長い第四篇は教会というテーマに割かれている。このことからしてすでに、カルヴァンにとって——他の偉大な宗教改革者たちよりも明瞭に——キリストのからだの形成がことのほか重要だったことを示唆する。カルヴァンは、教会戒規によってジュネーヴで専制的に統治したと言われ、この戒規に関しておびただしい中傷的な抗議がな

されたが、たとえ、それらの抗議がもはや古臭いと見なされるとしても、それでも以下のことは正しい。すなわち、教会の可視的な形態に関する注意深さもまた、カルヴァンにとっては教会の存在に無条件に必要である、ということだ。その場合、教会は、カルヴァンにとって決して自己目的ではない。むしろ、教会は、神の道具として人間にキリストとの交わりを可能にし、これを実現するために、神によって選ばれているのだ。すべての教会的な活動領域――職務、教会規定そしてサクラメント（礼典）を含む――は、このことによって特徴づけられている。

一　教会は神によって選ばれていること

カルヴァンにおいて、教会に関する第一のそして決定的な発言は、教会が神によって選ばれているということだ。そのため、カルヴァンは、教会について熟慮するさい、たとえ彼にとって教会の外的な形態が重要であり、実際、彼は引き続きこれに着眼するとはいえ、教会の存在の経験的な記述から始めることもしない。というのも、選びが目標だからだ。すなわち、神は、教会を用いるために、教会を選ぶ。教会は、選ばれた者たちを集め、強め、教え、秩序づける課題を担い、それによってキリストとの交わりが伸展するのである。

このため、カルヴァンは、教会を信仰する（credere in Ecclesiam）ということは、決して言うことができないことを強調する。

「というのも、われわれが『私は神を信仰する』（credo in Deum）と言う場合、われわれは、われわれの霊魂が真実な方として神に寄り頼み、われわれの信頼が神のうちに安らぐから、このような証言をするのだが、このことは、教会には同様にあてはまらないからである」（『綱要』Ⅳ・1・2）。

むしろカルヴァンにとっては、教会を信じる（credere Ecclesiam）ことが重要である。では、それはどのように生じるのか。われわれが、「教会の肢体であることを、堅く確信すること」（同上Ⅳ・1・3）によってである。つまり、教会を認識することと教会の存在とのあいだに関係が成り立つことなのだ。われわれは、われわれが、自分たちをまさしくこの教会の肢体として認めるときにのみ――それゆえ教会を教会の肢体からなるものとして認識するとき――教会を信じることができる。カルヴァンは、教会に関する二つの異なる考察の仕方をこれらの強調点に結びつける。一方で、教会は神の行為であり、それゆえ信仰者によって確立されるのではない――教会は神の制度である。他方で、教会は聖徒の交わりから成り、決して信仰者と無関係に捉えられるべき制度ではないのである。

二　可視的な教会と不可視的な教会

カルヴァンが、教会の神的な選びについてこのように語る場合、彼は、アウグスティヌスに由来する可視的な教会と不可視的な教会という表現に主要な強調点を置いていると推察されるかもしれない。けれども、カルヴァンの場合、これらはむしろ人間の認識の限界を示す概念である。不可視的な教会は、そこに誰が属するのかを、神だけが知っているということを示す。聖徒の交わりは、故人をも含んだ選ばれた者たち全員を包含し、それゆえに、その教会の認識は神だけに委ねられていなければならない。「事実、その基礎は、神の隠された選びだからである」(『綱要』Ⅳ・1・2)。ちなみに、カルヴァンによると、この教会には、選ばれたアブラハムの種族それゆえユダヤ民族もすでに属している。可視性の次元が示すことは、信仰者だけでなく、自分たちの信仰を告白し、洗礼を受け、聖餐に与り、礼拝に出席する偽善者と他の成員も教会に属しているということだ。一なる教会の両側面に共通することは、それらが「教会を信じること」を必要とすることだ。つまり、不可視性は、選びを見ることができないことから、可視性は、教会がその成員の混合にもかかわらず選ばれているから、信じられるべきなのだ。『キリスト教綱要』の初期の版でカルヴァンは、一五五九年の最終版よりも、教会の「不可視的な」側面をより強調した。だが、実質的に不一致はなく、教会の形成をより強調することに移行しただけである。というのも、カルヴァンの場合、可視性がもつ、選ばれていない者たちの存在をも主題として扱うという課題は、ほんのわずかな部分でしかないからだ。むしろ、可視的な教会の神学的な説明における重点は、カルヴァンの場合、教会が、選びに十分にふさわしく役立つことができるように、イエス・キリストの福音に合致した形態をとっているか否かということにある。この活動において教会は、聖霊の推進力が教会を指揮し、誘導することを期待し、希望することができ、またそうすべきなのだ。したがって、教会は、聖霊によって導かれるべき有機的な組織と理解される。このため、選びそして教会の形成は、相互に分離されてはならないが、しかし、区別されなければならないのである。

三　キリストのからだとその一性

イエス・キリストは教会の頭であり、そのからだから切り離すことができない。さらにカルヴァンがイエス・キリストの三職の教説において、イエス・キリストの業と人格を結びつける以上、イエス・キリストが自分だけで預言者、祭司、王であるのではなく、彼のからだもそれらに関与している。それゆえ、

「キリストが塗油を受けたのは、自分だけのため、教師としての職務を遂行しうるためだけではなく、彼のからだ全体のため、福音の絶えざる告知において、霊の力がふさわしく働くためである」（『綱要』Ⅱ・15・2）。

これに対応することは、王と祭司の職務にもあてはまる。イエス・キリストのからだである教会は、キリストとの交わりをもち、それゆえ、彼に関与する。この言葉につぎの要求が比べられるべきだ。すなわち、からだの頭としてのキリストに「恩恵の完全性と最高の統治の権能がある」（同上Ⅳ・6・9）。教会は、キリストだけに仕え、彼だけに服従し、合致しなければならないという要求だ。カルヴァンにとって、このことは、教会の唯一の人間的な首長の存在との緊張関係に立つことであり、そのため、彼は教皇職を激しく拒否するのである。

教会はキリストのからだである。だから、カルヴァンが教会について語る場合は常に単数形だ。「教会は〈公同的〉ないし普遍的と言われる。というのも、キリストがばらばらにされることなしに、二つ、三つの〈教会〉というものを見いだすことはできないからであるが、そのようなことは起こりえないからだ」（同上Ⅳ・1・2）。とはいえ、この一性は、信じられた現実性であり、この一性が表わされていない経験的な教会の外観に対抗して言われるべきだ。同時に、カルヴァンは、一性が可視的ではない教会だけに帰されることに満足しない――それゆえ、一性は課題と見なされるべきだ。つまり、肢体は、一致の中で生き、一つ心と一つ霊魂であり、共通の希望をもつべきなのだ。可視的な教会は、信じられた教会に合致するという課題をもち、キリスト者の一性もすべて本質的にこれに属するのである。

以上のことから、カルヴァンは、長老会議制（die presbyterial‐synodale Ordnung）の提唱者としても理解されうる。ここで個々の教会の独立性が、教会会議の任務と同様に記述される——一性は、それが前提とされるがゆえに、追求されるべきなのだ。このエキュメニカルな認識のゆえに、カルヴァンは、ローマ・カトリック教会が教会であることを、単純に否定することができない。彼は、「真のそして正当な教会形成について」（同上Ⅳ・2・12）ローマ・カトリック教会と争っているので、それを「偽りの教会」（Ⅳ・2表題）と呼ぶ。彼が非難しているのはつぎのことだ。すなわち、ローマ・カトリック教会は、神の言葉を教会に縛りつけるため——その逆であるべきであるのに——神の言葉に聴従しないこと、その結果、その教会の聖職者たちが神的な権威を我が物にしたということだ。これら一切のことから、カルヴァンは、ローマ・カトリック教会を教会として承認することに四苦八苦し、それを「半壊の建物」（同上Ⅳ・2・11）ではあるが、それでも、この教会が神の誠実を消し去ることはできなかった、と理解するのである。

教会の一性は、信じられ、それゆえ前提とされるが、またこの一性は、教会が、大小にかかわらず、全体として応じるべき課題だ。その場合、キリストのからだの一性は、決してただの形式的な一性ではなく、具体化を要求するのである。

四　教会への帰属

教会とは何か、教会はどこにあるのかを、誰が認識できるのか。カルヴァンは、さしあたり神自身が、いや神だけがそれを認識できることを強調する。このことは、選びを肉眼で見ることができないので、いわゆる、教会の「不可視的な」次元を強調している。それゆえまた、キリスト者の群れの中に真に信じる者たちを見いだすことは、神だけに委ねられている。カルヴァンは、ここで境界線を引く場合に、あらゆる人間的な基準が役立たないことを強調する。というのも、一方で、まったく見込みのない者たちが、神の慈しみに基づいて正しい道に呼び戻されることもあれば、また他方で、「他の者たちよりも確かだと思われていた」（『綱要』Ⅳ・1・8）者たちが、堕落することもしばしばあるからである。

したがって、神的な認知が人間にとって（幸せなことに）意のままにならない以上、いったい誰が（可視的な）教会の一員に数えられうるのかを、問うことができるのか。答えはきわめて簡潔だ。われわれは、「信仰の告白、生活の模範、サクラメントに与ることをとおして、われわれと共に同じ神とキリストとを告白する者たちを、教会の肢体として認め」（同上Ⅳ・1・8）なければならないのである。

このように、誰が神によって最終的に選ばれるのかを、人間が認識することはできない。けれども、信仰告白そして礼拝とサクラメントに与ることによって可視的な教会に留まっている者は、選ばれた者と見なされるべきなのである。

五　教会のしるし

カルヴァンによると、唯一の教会だけが存在する。このことは、全体としての教会だけが教会であると言うのではなく、むしろ、十全な意味での教会は、集合した個々の教会にこそ現存することを意味する。というのも、教会のしるしは――ここでカルヴァンは、『アウグスブルク信仰告白』第七条の有名な条項を取り上げる――御言葉の説教とサクラメントの執行だからだ。たとえ、その他の点では多くの欠陥があったとしても、このことが純粋に実行されているところに、教会は現存する。このため、カルヴァンは、教会の一致が軽率に危険にさらされることについて警告する。「何らかの無知の霧に包まれていない者」（『綱要』Ⅳ・1・12）などいない以上、異なった認識が、教会を引き裂いてはならないからである。

カルヴァンは説教とサクラメントを教会の十分なしるしと規定するため、彼が、以下の二つの教会理解を誤りと認めることに基づいて、彼の教会に関する認識を描き出していることが明らかになる。一方で、彼が対抗するのは、ローマ・カトリック教会の見解、すなわち、普遍的な教会が本来的な意味での教会であり、現場における個々の教会は支部にすぎない、という見解だ。これに対して、カルヴァンは否と言う。教会が形をとるのは各個教会である以上、御言葉とサクラメントの周りに集まった各個教会が現実の教会だからだ。同時に、カルヴァンの観点からすると誤った教会の完全性に対しても反論がなされねばならない。これを彼は、いわゆる「熱狂主義者」に認める。誤った完全性への要求は、福音に適っているというよりも、むしろ、傲慢と特徴づけられるべきだ。「彼らは、すべての人を軽蔑することにより、自分たちが他の人びとよりも優っていることを、ひけらかそうとするからである」(同上Ⅳ・1・16)。

だが、カルヴァンが説教とサクラメントを教会のしるしと呼んだことで、教会はこの二つの指標の強調に限定されるのではない。確かに、これらのしるしは、交わりを教会と見なし、同時に教会の「事実」(dass) を説明するためには十分だ。というのも、神がサクラメントを制定した以上、御言葉とサクラメントが「実を結ばないことはなく、神の祝福によって栄えるからだ」(同上Ⅳ・1・10)。けれども、これらによって、教会の生命は、まだ十分に説明されてはいない。それは形成されねばならないからだ。このために必要なのが、さまざまな教会的規定であり、もちろん、さまざまな奉仕、つまり職務である。

六　各個教会における諸規定

あらゆる教会的な諸規定において決定的に重要なことは、神だけが教会において統治すること、そして教会におけるさまざまな活動は神の道具と見なされるべきことだ。この点で、カルヴァンは、第一に人間が秀でていることを認める。彼らが神に用いられるからだ。第二は謙遜の修練。活動は神の言葉への服従においてのみなされるからだ。そして第三にキリスト者相互の交わりによる修養のための道。実際、さまざまな活動が各個教会を特徴づけ、際立たせるからだ。

教会において最も重要で最も際立った秩序は、カルヴァンの場合、さまざまに区分された奉仕(Dienst)として理解されうる——ドイツ語訳の「職務」(Amt)という語で強調される点は問題を含む。カルヴァンは、とくにエフェソの信徒への手紙四章から、各個教会にさまざまな奉仕があることを読み取る。カルヴァンは、そこで説明される奉仕のうちのいくつか(預言者、使徒)を、時代的に限定された奉仕と見なし、これに対し、他の奉仕、すなわち牧師、教師、長老、執事を恒久的にもうけられた奉仕と見なす。カルヴァンにとって際立たされるべき奉仕は説教の奉仕だ。この奉仕は、神がその言葉をとおして教会を統治していることを、特別な仕方で明らかにするからだ。だが、カルヴァンが、十戒の第一戒の註解で申命記一八章17節を解釈して、牧師も「聖霊の機関」

にすぎないと述べる以上（Calvini Opera 24, 274）、カルヴァンにとって、どれか一つの奉仕を際立たせることよりも重要なことは、さまざまな奉仕が、「音楽において多様な音が一つの甘美な旋律を仕上げるように」調和することである（『エフェソの信徒への手紙註解』四章11―14節）。

牧師は、福音の説教とサクラメントの執行という使命をもち、特定の各個教会に義務を負う。教師はもっぱら聖書だけを解釈しなければならない。長老は牧師および教師と協力して各個教会を指導し、執事は貧者への配慮を中心としなければならない。これら分節された奉仕は、『ジュネーヴ教会規則』では四つ示されているが、一五五九年の『キリスト教綱要』でカルヴァンは、牧師の奉仕と教師の奉仕を一つにまとめるため、三つの奉仕となる。決定的なことは、分節された奉仕だということだ。さらに、カルヴァンにとって確定すべき奉仕とならんで、他の奉仕も入ってくる可能性がある。というのも、すべての奉仕は、それ自体として独立しているのではなく、機能的に理解されるべきであり、イエス・キリストの共同体に仕えるからだ。それゆえ、各個教会の側からこうした奉仕への召命がなされることも必要だ。カルヴァンは、召命に続く任命をサクラメントとして理解することに乗り気ですらある。

任命や他の多くの事柄（召命の手続き、奉仕規定）を規定する教会規定は、ここで教会の秩序づけられた形態が説明されるため、教会についての教説の本質的な構成要素だ。すべての教会規定に妥当することは、それが「教会を建て上げること」（『綱要』Ⅳ・10・32）に有益となるべきである、ということだ。教会は何よりも交わりである。規定は、良心を拘束してはならず、救いのために不可欠だと理解されてはならず、神礼拝と結びついてそこに敬虔があると見なされてはならない（同上Ⅳ・10・27参照）。加えて、あらゆる教会規定は、変更可能であり、時局の要求に応じて、廃止することすらも可能である。これはカルヴァンの教会理解における力学を示唆することでもある。

礼拝規定もまた、教会の理解の一つだ。礼拝において各個教会は祝いを楽しみ、それゆえ、礼拝は神の言葉に従って形作られねばならない。ちなみに、カルヴァンは礼拝讃美歌を廃止せず、それどころか、歌のないジュネーヴ教会の礼拝を豊かにするものとして詩編讃美歌がカルヴァンによって導入された。このことは、世界中に広がるさまざまな改革派教会のあいだの一性のきずなとして、今日でもなお影響史の点で十分に高く評価されているとは言えない。

七　戦う教会と庇護されている教会

カルヴァンは、教会がこの世において攻撃され、敵対者たちに苦しめられていることを、彼自身の経験に基づくだけでなく、むしろもっと根本的に強調する。

この内外から行なわれる攻撃は、最後にはキリスト自身に対してあてはまる。けれども、キリストの恩恵が無効とされることはありえず、それゆえ、十字架と復活においてなされた和解は依然として妥当し、有効であり、まさしくそれと同様に、キリストのからだもまた、確かに脅かされ、試練をこうむることもありうるが、しかし、最終的に滅亡することはありえない。「十字架の下で戦う教会は、それにもかかわらず、一部は希望において、一部は現在の成功によって、勝利するのである」（『ゼカリヤ書註解』一〇章5節〔Calvini Opera 44, 291〕）。このことは、教会の二重の位置づけを示唆する。一方で、可視的な教会は過渡的な制度にすぎず、神はキリストの再臨まで人間をそこに招き、受け入れる。他方で、教会は、神自身が教会を保護し、保持するということを出発点とすることもできる。神の契約、それゆえキリストの死の果実が空しくなることはないからである。

教会に関するすべてのことは機能的だ。教会は、人間を福音、それゆえキリストとの交わりに招き、そこに受け容れるために、神によって選ばれる。教会は、あらゆる次元で、神の道具であり、それはキリストのからだを建て上げることを目指すのである。

第一三章　神の全体的な教育学——補助手段としてのサクラメント

福音の宣教とまったく同様にサクラメントは、人間をキリストへと導くという課題をもつが、その場合、洗礼と聖餐の独自性は、神がそれらによって他の人間的な諸感覚に語りかけるという点にある。だが同時に、サクラメントは、神の働きが引き起こすというよりは、むしろ神の約束を確証する人間の儀式でもある。

福音の宣教とならんで、サクラメントの執行は教会の決定的なしるしだ——この点でカルヴァンは、ルター派の『アウグスブルク信仰告白』第七条と一致する。マルティン・ルターとフルドリヒ・ツヴィングリは、聖餐に関する互いに異なる理解のために、一致をみることができなかった——以来、改革派のサクラメント理解は「象徴的」という概念で理解されうるものであり、聖餐は記念の食事だという解釈が、たびたびさ迷い出るようになったのである。

この解釈がツヴィングリの立場を正しく表現するものですらないということは別にしても、*カルヴァンの立場には、なおのことほとんど当てはまることはない。というのは、もしサクラメントが人間的な行動としてだけ理解されるとしたら、カルヴァンにとって不可欠の考えである、神の業と働きを視野に入れないことになるからである。

＊ ツヴィングリの聖餐理解については、G. W. Locher, Grundzüge der Theologie Huldrych Zwinglis im Vergleich mit derjenigen Martin Luthers und Johannes Calvins, in: Ders., Huldrych Zwingli in neuer Sicht, Stuttgart/Zürich 1962, 173-274, 特に 250-254; G. Plasger, Das Sakrament als »widergedächtnis«. Einige Aspekte zum Verständnis von Taufe und Abendmahl bei Zwingli, in: H. Klueting/J. Rohls (Hg.), Reformierte Retrospektiven, Wuppertal 2001, 105-113.

一　「すべてのサクラメントの実体」としてのキリスト

カルヴァンの特徴は、彼が、サクラメントもキリストから理解するということだ。ついで、それが執行されるときにまさしく、キリストに向かって、ということを意味する。サクラメントの本来的な機能は、それが人間をキリストへと導かなければならない、という点にあるのだ。そこにおいて、人間に対する神の慈しみ、またそれと同様に人間の堕落が見いだされる。全世界への慰めが見いだされるからだ。そしてサクラメントがまさにこうした課題をもっていることから、カルヴァンは、キリストを「あらゆるサクラメントの実体（substantia）」（『綱要』Ⅳ・14・16）と呼ぶ。もちろん、これは、当時のローマ・カトリック教会のサクラメント理解に対する論争的な言葉遣いだ。それによると、聖餐の物的要素（パンとぶどう酒）の実体が変化させられる。だが、カルヴァンにとって、サクラメントの本質は、キリストへと導くことなのである。

そこで、つぎのように問うことができよう。サクラメントは、いったいどの程度、たとえば説教と異なること、あるいは優ることをなしえるのか。実際、カルヴァンの場合、それらはまったく同じ目的をもっている。サクラメントもまたキリストへと導く。サクラメントの独自性は、カルヴァンによると、神が人間の限られた受容力に適応するということにある。人間は多くの感覚をもつ存在者であり、また人間は往々にしてあまりにも弱すぎるために、聞いた言葉だけで動かされえないことから、いくつかの感覚を用いることによって弱い人間を迎え入れるサクラメントが存在する。それゆえ、われわれは、カルヴァンとともにサクラメントを、「神の全体的な教育学」という意味で理解することができよう。というのも、神は、サクラメントにおいてさまざまな感覚に働きかけ、サクラメントをとおして人間をキリストへと動かすからである。

このことから直接的に帰結することは、「救いの確信が、サクラメントに与ることに依存しない」（同上Ⅳ・14・14）ということだ。なぜなら、それ自体としてのサクラメントが重要なのではなく、サクラメントは、義を贈与するキリストへの媒介にすぎないからだ。そのため、カルヴァンによると、それ自体としての儀式も十分ではない。というのも、それ自体としての物的要素は、多義的であり、それ自体で語るわけではないからだ――御言葉は、サクラメントに方向を与えるために不可欠なのである。

しかし、サクラメントが実際にキリストへと導くことは、どのように生じるのか。儀式が執行されることによって生じるのではない、とカルヴァンは言う（同上Ⅳ・14・4）。その場合、サクラメントは、いわば神をこちら側に強制する、一種のマントラ〔呪文〕と誤解されることになろう。むしろ、聖霊における神自身の業こそが、サクラメントにおいて決定的なのだ。神自身が、サクラメントにおいて聖霊をとおして、人間の心を神へと開かせる――これが、カルヴァンが繰り返し述べるように、サクラメントの決定的な約束だ。ここでは重要なのが「約束」（promissio）の概念だ。サクラメントは「自動的に」働くのではなく、決定的な意味で重要なことは、そこにおいて神の働きが信頼される、霊的な儀式だということなのだ。カルヴァンに端を発し、たとえば『ハイデルベルク信仰問答』（第六六問）において採用される概念は「証印」（testimonia）のそれだ。サクラメントにおいて、神は自分の約束を確証する。キリストがサクラメントの実体だ。それゆえ、カルヴァンによると、このことをないがしろにすることなく、サクラメントの第二の次元が位置づけられねばならない。すなわち、サクラメントが、人間の告白でもあるということだ。それは、神が与える約束に関係し、それゆえ、神との関係と人間との関係という二重の関係をもつ。すべてのサクラメントは、神に栄誉を帰し、神が人間をキリストへと導き、見捨てられた状態から人間を救い出す点で、神をほめたたえるから、神の前での告白である。けれども、それは、神の約束を告知するから、人びとの前での告白でもある――サクラメントの祝いは、実際、公的な出来事であり、そこにおいて、「主がどれほど好意的であるか」（詩三四9）を聞き、感じることができるのである。

二　洗礼の約束

カルヴァンのサクラメント理解において全般的に認めることのできる二重構造は、洗礼においてもはっきりしている。何よりも第一に、洗礼は、神の働きとして規定され、その上で第二に、人間の側の告白として規定されるのである。

だが、神は、洗礼をとおしてどのように働きかけるのか。洗礼の徴《しるし》としての性格が廃棄されないように、働きかけるのだ。カルヴァンは、洗礼を「それによってわれわれが、教会の交わりに入れられ、キリストに接ぎ木され、神の子の数に入れられるための入門の徴（signum initiationis）」（『綱要』Ⅳ・15・1）と呼ぶ。このことは、洗礼の執行をとおして人間に罪が赦されるわけではない、ということを意味する。というのも、もしそうだったなら、洗礼の執行とは、キリストにおいてのみ可能であることになってしまうだろう――そして、それゆえに、洗礼が最終的にはキリストよりも重要になってしまうだろう。けれども、洗礼の役割とは、キリストへと導くことなのだ。それゆえ、聖書で、洗礼が罪の赦しのためになされると言われる場合、洗礼は、第一に「証印を押された証書」（同上Ⅳ・15・1）であり、それは、それ自体を超えることを指し示し、そこで示されることが有効であることを確証するのだ。受洗者が罪を赦されるのは、彼が洗礼を授けられたからではない。カルヴァンによると、この順序では原因と結果を歪曲することになる。そうではなく、洗礼において信仰者は、自分がキリストと共に死に、復活したという確認を受け取るのだ（同上Ⅳ・15・5）。カルヴァンにおいて、この義認の指示に第二の指示がただちに続く――すなわち、洗礼は聖化をも確信させるのだ。というのも「われわれは、キリストにおいて死と生を植え込まれただけではなく、キリストのあらゆる好意に与るほどに、彼と一つにされる」（同上Ⅳ・15・6）からだ。カルヴァンは、この全体を三位一体論的に説明することもできる。すなわち「われわれは、キリストをとおしてのみ、父の憐れみと霊の恵みを獲得するから、（洗礼に）キリストの名を冠することは、父と霊の名を冠することを含んでいる」。父は「（われわれを）養子として受け入れることによって」彼の教会に植えつける。このことは、キリストをとおして成就された和解によってなされ、この和解において聖霊が「われわれを新しい被造物」とするのである（『コリントの信徒への手紙一註解』一章3節）。

だが、カルヴァンが、洗礼は徴であるという考えを変えないとしたら、いったい、どうして彼は神の働きを力説するのか。洗礼においては決して儀式それ自体だけが重要なわけではないからだ——そうだとしたら、あまりにも軽く考えられることになろう。それゆえ、神が洗礼のサクラメントを制定したのは、いかなる約束で、神が人間のもとに到来したか、また今も絶えず到来しているかを、弱い人間に象徴的に示すためだった。罪の赦しと新たな生の確約、それとともに、イエス・キリストのからだに属することの約束は、確かに——受洗者においても洗礼そのものにおいても——経験的に読み取られうることではない。洗礼はそれ自体では人間の儀式にすぎないのだ。カルヴァンは、物的要素にあまり信頼を置かず、これに対してすべてを神に任せるのである。

それと同時に、人間もまた洗礼を行なう主体と呼ばれる。というのも、神が行為者であるという、まさにこのことが、洗礼において人びとの前で知られる事柄の内容であるが、それは

「われわれが神の民の数に入れられたいと望んでいるということだからである。……それによって、われわれは、最終的にわれわれの信仰を公に表明し、同時にわれわれの心は、神への讃美に満ちるだけでなく、われわれの舌とわれわれのからだの全肢体も、なしうるかぎり讃美するのである」(『綱要』Ⅳ・15・13)。

したがって、洗礼は、公的な信仰告白でもあり、これは信仰を強めるためにも役立つ。——ここ

で、カルヴァンは、神を外的な手段に縛りつけずに、この手段をとおして神の業に期待する。「神の恩恵は、（サクラメントがなければ）われわれが信仰において神の言葉からその恩恵を獲得しないというように、サクラメントと結びついてはいないのである」（同上Ⅳ・15・22）。

だが、この関連でただちに一つの問いが生じるが、これはカルヴァンも立てた問いだ。というのも、信仰が洗礼をとおして強められるとすると、洗礼にさいして、すでに信仰がそこにあるはずだ。その場合、幼児洗礼はどうなるのか。ここでもカルヴァンは、約束が幼児洗礼に関しても根本的であることを強調する。カルヴァンは、割礼との類似を見いだす。カルヴァンによると、ユダヤ教において割礼が神の民に属することとの契約の徴であるのと同様に、このことは、イエス・キリスト到来後の時代における幼児洗礼に対応するとみなされる。というのも、「キリスト者の子供は聖である」（同上Ⅳ・16・6）と見なされるからだ――ここでカルヴァンが依拠するのはコリントの信徒への手紙一、七章14節だ。したがって、幼児洗礼は、キリスト者の子供の場合だけに許されるが、彼らに命じられることでもある。キリストのからだに属するという約束は、彼らにも当てはまるからである。

注目を引くことは、カルヴァンが、『キリスト教綱要』において、幼児洗礼に特別の一章（16章）を割き、それが洗礼の部分（15章）のほぼ二倍の長さだということだ。ここでカルヴァンは、信仰と幼児洗礼に関する改革派の主張を矛盾すると見なす、いわゆる再洗礼派に対抗している。今日の研究の一部が考えるように、この矛盾がカルヴァンにおいて事実として存在したかということについて、ここで解明することはできない——私の目からすると、かなりの点がそれを裏づける。* カルヴァン自身は、神の約束に決定的な場を与えていることからも分かるように、この問題を知らない。そして、この章で彼は、個人の信仰告白が洗礼の決定的な内容となる危険を、再洗礼派に見ているのだ。しかし、それは、カルヴァンによると、神の約束に続くものであって、それに先行するものではないのである。

* E. Busch, Das Verständnis der Taufe und die Frage der Erneuerung der kirchlichen Taufpraxis, in: Reformierte Kirchenzeitung 131 (1990), 116-120, 140-150 を参照。第一に、幼児洗礼と洗礼とは、全体として、宗教改革者ルター、ツヴィングリそしてカルヴァンにおいて、異なる根拠づけがなされているということが認められる。そして第二に、同じくはっきりしていることは、一方で子供の信仰を前提とするルターと、他方で、神の契約による約束をより強調するツヴィングリとカルヴァンとのあいだで、幼児洗礼の根拠づけにおいて見解を区別できるということである。

三　聖餐の約束

洗礼と同様に、カルヴァンは、聖餐においても神の働きの証言を中心と見なす。けれども、カルヴァンの場合、決して、儀式それ自体が、われわれを神に近づけることができるかのようなことはない。それは、すでに神自身が行なっていることだろう。それゆえに、事実またカルヴァンは、聖餐において「キリストは、自分が命を与えるパンであり、これによってわれわれの霊魂が、真の、祝福された不死へと養われることを証しする」（『綱要』Ⅳ・17・1）と正確に言い表わす。したがって、聖餐が、人間的な儀式、典礼以上のものであるべきだとすると、われわれに必要なことは、キリスト自身が現存することなのだ。カルヴァンは、彼の聖餐理解において危ない綱渡りを実行する。一方で、パンとぶどう酒という物的要素をとおして、身体だけが養われ、霊魂が養われるのではない。つまり、カルヴァンは、何であれ物的要素の性質上の変化を受け入れることを拒否する。たとえば、ローマ・カトリックの聖餐理解では「実体変化説」（Transsubstantiation）が教えられ、ルター派では「共在説」（Konsubstantiation）が教えられるが、カルヴァンにとって、パンはパンのまま、ぶどう酒はぶどう酒のままだ。けれども、聖餐は、キリストによって「制定され、われわれの霊魂が永遠の生命の希望のうちに育てられることを、彼のからだと血をとおして教え、われわれに確かにする」（『ジュネーヴ教会信仰問答』問三四〇）。したがって、聖餐は、カルヴァンによって「譬え（analogia）」（『綱要』Ⅳ・17・3）と理解され、そこにおいて、われわれは、単なる物的要素自体以上のものを見、味わうことになるのだ。だが、聖餐が、キリストが獲得したものを強め、保証するということは、どのように生じるのか。この点で、教派間の対話の中で、「現臨」

(Realpräsenz) に関する議論、つまり、キリストが聖餐において実際に現存するのか否かという問いが起こった。そこで、もしカルヴァンが、現存に批判的に対抗したなどと考えるとしたら、彼を誤解したことになろう。事実は逆だ。確かに、カルヴァンは、聖餐、それゆえ、物的要素におけるキリストの「肉体的な現存」は拒絶する。だが、これは、決してキリストの現存を拒絶したのではない――まったく逆だ。というのも、聖霊がキリストを現存させるからだ。聖餐は、あの「約束に証印を押し、確証し、それによって、われわれを十字架のキリストへと導くということが生じる」(同上Ⅳ・17・4) ために役立つのだ。このことが生じるところ、人間の心がこの約束で満たされるところ、心が福音によって慰められるところ、そこにキリストが現存する。なぜなら、人は自分にこう言い聞かせることができるからだ。「それは、耳で聴いたことだ。だが、心は神ご自身だけに達している」と。

それゆえ、聖餐は、説教とは異なる諸感覚に語りかけるので、神が人間に近づき、彼に明確に感知できるように語りかける、神の全体的な教育学を示唆するのである。

前述のカルヴァンによる危ない綱渡りは、聖餐の過小評価と過大評価に対して防御することを伴っている。約束があまりにも小さな文字で記されるところでは、聖餐は過小評価される。カルヴァンは、ひとが、最終的に重要なのは信仰であって、外的な徴ではないということから、聖餐を放棄できると考える場合に、この危険を見る。確かに、カルヴァンによると、聖餐が徴にすぎないことは、そのとおりだ。だが、キリスト者が、聖餐を必要としないと考えるならば、それは、人間的な弱さを十分真剣に受け入れず、それゆえ、自己認識をあまりにも軽く見ていることになる。可視的な徴としてのパンとぶどう酒は、天上の食物、キリストを指し示す。聖餐を過小に考える者は、自分自身を過大評価しているのだ。そのため、カルヴァンは、日曜日ごとに聖餐式を執行しようとしたが、これは彼が成し遂げることのできなかった提案だ。このことが、現代にいたるまで、大部分の改革派教会を特徴づけることになるのである。

しかし、他方で、カルヴァンは、徴を過大評価することに対して、ほとんど怒りに近い警告を発する。というのも、聖餐は、決して、「キリストの現存が、パンの物的要素に」（同上Ⅳ・17・19）結びつけられているかのように、あるいはパンに閉じ込められているかのように理解されてはならないからだ。つまり、パンとぶどう酒は、決してそれ自体で理解されるべきではなく、神の契約との関連においてのみ理解されるべきなのだ。だから、聖餐の制定の言葉の「これは私のからだである」（マコ一四22および並行記事）の「ある」もまた、文脈から切り離されてはならない――これは、多くの他の聖書の箇所でもそうであるように、直喩として理解されねばならない。キリストは、彼の復活後、身体的に天で神の右に座しているのだから、聖餐においては身体的にではなく、霊的に現存する。これはカルヴァンによると、現存を弱めることではなく、現存の別の在り方なのだ。カルヴァンは、自分がこの洞察を――ときおり彼に対する非難にあるように――理性的な諸根拠からではなく、聖書の解釈から展開したことを、繰り返し強調するのである。『ジュネーヴ教会信仰問答』において、カルヴァンの聖餐理解が物的要素の過大評価と過小評価のあいだで、つぎのようにまとめられている。

「聖餐においては、二つのことが合わさっている。すなわち、パンとぶどう酒、これらは目で見られ、手で触れられ、味覚で味わわれ、そしてキリスト、このキリストをとおしてわれわれの霊魂は、内的に、いわば本来の食物によって養われる」。「まさにそのとおりだ。さらに、これによってわれわれは、私たちのからだもこの生命の徴に与るのだから、担保を与えられたも同然に、将来のからだの復活が確証されたのである」(問三五六)。

改革派の聖餐式において、多くの場所で、いわゆる「聖餐への畏怖」(Abendmahlsscheu)が生じた。この理由は、ふさわしくないままで聖餐に参加し、ふさわしくないままで聖餐を食すことによって害を招くことへの不安だ――この根拠は、コリントの信徒への手紙一、一一章29節にさかのぼる。カルヴァンのせいにすることはほとんどできない。確かに、カルヴァンも、キリストに信頼して聖餐に参加するか否かを、自己吟味することに賛成する。だが、それ以上に彼が警告することは、何らかのふさわしさを前提としうることだ。「というのも、われわれが、われわれのふさわしさ（dignitas）を自分たち自身に求めなければならないということが、問題だとしたら、われわれは絶望的だ。われわれを待っているのは、絶望と破滅しかないからだ」（『綱要』Ⅳ・17・41）。論証は、まったく逆から なされねばならないだろう。われわれのふ

カルヴァンの聖餐の祈り

全能の神よ。私たちは、この時代の苦難から私たちを解放してくださる、あなたの救い主を期待することがあまりにも少ない者です。にもかかわらず、あなたは、彼が天から現われ、私たちを永遠の生命に導くまで、私たちが仕えるために、彼の十字架の下で、私たちを受け容れてくださいました。

私たちはあなたに願います。どうか、すべての苦難と重荷を耐えるための忍耐を、私たちにお与えください。キリストがかつて新しい、永遠の契約の血を流し、そして、そのために真の徴を聖餐において眼前に置いてくださったことに、感謝いたします。

私たちをこの聖なる証印のもとに留まらせ、世々にわたってあなたの慈しみを確信させ、この和解の果実を私たちに明らかに示してください。いまもなお、悲惨の重みが私たちを押しつぶしますが、私たちの主イエス・キリストがその血によって獲得し、実際、彼の福音をとおして日々私たちに約束されている、永遠の栄光へと私たちをお連れください。そして、やがては、私たちの主イエス・キリストをとおして、天上の喜びを味わわせてくださいますように。アーメン。

さわしさは、キリストにおいて、われわれに分与されるのだ。だから、「聖なる宴は、病人にとって薬、罪人にとって慰め、貧しい者にとっては豊かな贈り物なのである」(同上Ⅳ・17・42)。そしてさらに、カルヴァンの場合、つぎのように述べられる。

「ひとがサクラメントを受け取ることにおいて、サクラメントそのものを効果のない、余計なものにするような完全性を、要求するとしたら、確かに、あまりにも恥知らずの証拠、いや愚かではないか。というのも、サクラメントは、完全な者たちのために制定されたのではなく、弱者、無力な者を、信仰と愛の志操へと励まし、奮起させ、刺激し、修練するために、そして信仰と愛の欠点を取り除くために制定されたからである」(同上Ⅳ・17・42)。

第一四章　人間性を保護育成するための神の指図としての国家

教会と国家とは、区別されるべきであり、混同されてはならない。だが、両者をとおして、神は、人間に益となるように働く。国家に固有の使命は、神を敬うこと、それゆえ、教会を保護すること、そしてすべての人間の相互関係を促進することだ。これに平和の促進も属する。ただし、国家がその使命を誤用することもありうる。そのため、国家は、教会の警告、執り成し、手本を必要とするのである。

カルヴァンの『キリスト教綱要』は、国家に当てられたかなり長い章で終わっている。ヴィルヘルム・ニーゼルよるならば、この章は「一つの付録のような」（『カルヴァンの神学』渡辺信夫訳、新教出版社、一九六〇年、三二七頁）結果になっているが、しかし、この判断は、一方で、つぎのことを看過している。すなわち、政府のもつ特別な任務に関する省察が、本章より前に『綱要』の中でたびたび（たとえば十戒の註解）出てきたという事実だ。また他方で、まさしく第四篇の表題との関係こそが、国家に関するカルヴァンの見解にとって特徴的であるということだ。すなわち、第四篇全体が論じるのは、「神がわれわれをキリストの交わりに招き、そしてそこに留め置く外的な手段ないし補助手段」だ。もちろん、ここで第一は、教会そして教会のサクラメントであり、これらが考察されるが、それとともに、カルヴァンが国家を機能的に、つまり神から考察する観点が定められる。国家を神から与えられたものとし、その上で臣下の観点からだけ捉え、それゆえ政府に対する態度を主題とする、多くの人びとの教会的な伝統と異なり、カルヴァンは、別の強調点を置く。彼がさしあたり問うのは、国家の機能だ。このため、『キリスト教綱要』のラテン語版の章題は「公的な行政機関について」(De politica administratione)とあり、これは「それゆえ、カルヴァンは、われわれが支配(Regierung)と呼んでいることを、控えめに記す」とヴィルヘルム・ニーゼルが注記することだ。* カルヴァンの問いは素朴だ。神は、国家をとおして何を達成したいのか、政府のようなものが存在すること、国家のようなものが存在することの神の意図は何か。したがって、カルヴァンは機能的な国家理解をもっており、これが彼の影響史において、近代的な国家理解を助長したのである。

* W. Niesel, Randbemerkungen zu Calvins Stattlehre, in: Reformierte Kirchenzeitung 1983, 293f.〔『カルヴァンの神学』三二七頁の注1も参照。〕

一　教会と国家の相違

たとえ〈二王国論〉という概念が、たいていの場合、ルターとルター的な伝統に関係づけられるとしても、カルヴァンの場合も、教会と国家を区別する本質的な諸特徴は、明確に見いだされる。教会と国家は、混同されてはならない。「というのも、現在の、つかの間の生と来たるべき、永遠の生とは」（『綱要』Ⅳ・20・1）区別されねばならないからだ。したがって、権限も区別されねばならない。霊的な次元を伴う教会は、自らの領域に限られなければならず、教会にとって、それが制約される限界が存在する。このことをカルヴァンは、『キリスト教綱要』において自由の次元に即して説明する。福音にとって決定的なことは、人間がキリストによって奴隷状態から自由へと導き入れられるということだ。この「霊的な自由」は、ひとが市民的な奴隷状態にある場合、たとえば、捕らわれている場合でも、存在する。教会は――これはカルヴァンにとって本質的なことだが――この区別を消してはならない。というのも、その場合、キリストの主権がこの世の事柄と混同されることになるからだ。そして、キリスト者に関して、彼らは、実際、神の戒めに従って生きているのだから、国家を不要と見なす同時代人に対して、そのようなことは「人間の社会において決して見いだせない」（同上Ⅳ・20・2）ことであると、異議を申し立てる。教会も国家を必要とする。

国家は、現在の生活における秩序を配慮するからだ。それとともに、カルヴァンが神権政治に抵抗していることも明らかだ。これは、ジュネーヴの状況に関して、繰り返し彼になすりつけられてきたことだが、誤りだ。だが、国家も、その権限を踏み越えてはならない。すなわち、国家は、その地上的な事柄におけるその主権を、神に関係する事柄に拡張してはならない。そのため、カルヴァンは、ドイツにおいて支配的な、独立の教会組織を排除した諸侯による教会改革を、きわめて批判的に見たのである。

もっとも、カルヴァンの論証が、これで終わったわけではない、いやもっと正確に言うと、本当はここから始まるのだ。というのも、教会と国家の区別の主張は、それらの、その時々の任務をきちんと視野に入れるために役立つからだ。それゆえ、両者を秩序づけること、両者のその時々の神に対する責任を視野に入れることに役立つのである。

二　国家の使命

カルヴァンにとって特徴的なことは、第一に、国家が「指図」として理解されていることだ。すなわち、それ自体としての国家は、まずその存在において神的な機関として理解されるのではなく、そうではなく、神は、国家によって何かを達成しようとし、神が国家によって企てることに国家が応ずることを望むのだ。では、カルヴァンによると、国家の課題、使命とは何か。簡潔に言うと、カルヴァンがさまざまな説明の中で考慮する二つの領域がある。

第一に、「外的な神礼拝を促進、保護し、敬虔に関する健全な教理と教会の（良い）状態を守ること」（『綱要』Ⅳ・20・2）が重要だ。すなわち、国家の本質的な使命は、人びとが教会的な生活に参加することを可能にすることにある。これは、カルヴァンの思考の筋道においてすぐ思いつくことでもある。すなわち、知恵の名に唯一値することが、神認識と自己認識にあるとすると（同上Ⅰ・1・1）、その場合、国家もまた、これを可能にすることを、本質的な使命とする。ここでカルヴァンは、国家が十戒の第一の板にも義務づけられていると見なしている。確かに、これは、狭義では、神との関係に当てられているとはいえ、国家は、この場合、神の礼拝を保護することによって、間接的に活動するのである。

国家の第二の機能はつぎの点にあるが、これは第一の使命を妨げるものではない。すなわち「われわれの生活を人間の共同体に適応させ、われわれの道徳を市民的な正義に合わせて整え、われわれを互いに協調させ、公共の平和と公共の安寧とを維持することだ」（同上Ⅳ・20・2）。顕著なことは、カルヴァンが、国家を、第一にその形成の使命を視野に入れて、真剣に捉えていることだ。国家は、その秩序に従って、その法律によって人間の相互性に役立たねばならない――この補助手段としての法の積極的な理解は、法律家カルヴァンをも示している。国家は、人間相互の日常的な相互関係を促進する。カルヴァンの説教は、『キリスト教綱要』に見いだされる一般的な発言よりも具体的だ。カルヴァンが一五五五年と五六年に行なった『申命記説教』が傑出している。ここでカルヴァンは、たとえば、貧しい者と富む者との間の経済的に歪んだ状態をテーマにする。これは社会的な起爆剤をはらんでおり、また正当な賃金の問題も考察される。カルヴァンは、経済的な必要性と社会的な連帯の関係を考察し、暴利に対抗し、相互性を強めることに賛意を表明する。連帯の強い主張は、ジュネーヴに陸続とやってくる亡命者を見ると明らかになる。彼らは、都市国家にさまざまな難しい課題を突きつける。「人と人とのあいだに人間性が確立すること（inter homines constet humanitas）」（同上Ⅳ・20・3）が、それゆえ、国家の第二の使命の適切なまとめとなる。カルヴァンによると、これに、政府が戦争を遂行する可能性も含まれる。とはいえ、利益が明白な場合だけそうすることができる。しかし、この手段を用いることが必要な場合もある。

「政府が法律の護り手、保護者であるべきだとすると、悪意によって法の秩序を破壊する者たちの攻撃は、同様に打ち砕かなければならない……国土全体を略奪によって困窮に陥れ、荒廃させる者たちが罰せられることなく放置されるべきだろうか」（同上Ⅳ・20・11）。

とはいえ、カルヴァンは、戦争に関して、「欲望」あるいは「憎悪」が前面に出て、憐れみが前面に出ない場合には、明らかに権力濫用の危険が存在すると見なす。このために、われわれは、「武力によって決着をつける前に、あらゆることを試み」（同上Ⅳ・20・12）なければならないのである。

三　国家の責任

国家の機能的な規定は、つぎの点に明らかとなる。すなわち、カルヴァンが繰り返しそう呼ぶところの「為政者」（magistratus）は、「神の正義の奉仕者として」任命されているという点だ。したがって、国家と教会という二つの領域の区別は、異なる基準が妥当する二つの世界に分割するということではない。教会と国家は、キリストが主であるから、神の言葉に従うべきだ。そのために「神の学校（l'eschole de Dieu）」（『申命記説教』一八〇・三二章〔Calvini Opera 28, 693〕）が必要なのだ。なぜなら、そこにおいて、神の独特な思いやりのある道を見ると、神の決定的な判断基準の「寛大さ」（『綱要』Ⅳ・20・6）があるからだ。たとえば、セルヴェトゥスの場合を見ると、ジュネーヴにおけるカルヴァンの活動範囲が、彼自身によって立てられた指針に、どれほど合致しているかを問うことができよう。カルヴァンの行動から距離をとることが、今日どれほど必要であるとはいえ、時代の相違は顧慮されるべきだろう。

今日でも問われるべきことは、いったい、どの政府でも、すでにそれが現に存在するという事実によって、合法的であるのか、ということだ。この点について、カルヴァンは、はっきり否と言う。政府が独裁的で、共同体の福祉のために統治するのではない場合——つまり専制政治の場合、政府はその使命を悪用しているのだ。このような政府は、もはや合法的ではない。だとすると、政治的な抵抗は許されるのか、それとも禁じられるのか。この点で、カルヴァンは、きわめて慎重であり、あまり多くを語らない。二〇世紀の歴史的な経験に基づいたとしたら、もっと語るべきことがあっただろう。すなわち、彼は服従を要求するのだ。とはいえ、彼は、国家の従属的な地位で働く者たちが、彼らの職務に基づいて、たとえば王の専制政治と闘い、民衆の自由を擁護することができることを、例外として知ってはいる。それゆえ、カルヴァンは、彼の目の前の国家形態を背景にして述べているのだ。というのも、抵抗も、カルヴァンによると、法に基づいて行なわれなければならないからだ。もしそうでなければ、カルヴァンによると、無政府状態か、そしてそれゆえ、新たな権力支配の危険が生じることになろう。たとえこの点でも、今日の神学的な認識からするなら、必要なことがあまり語られていないとしても、それでも、彼の足跡に基づいて、神学的な抵抗権が発展させられた。ジュネーヴにおけるカルヴァンの後継者テオドール・ベザが、すでに抵抗の権利を明確に述べ、そのさい、いかなる政府も機能的に理解されるべきであり、民衆に仕えなければならないという、カルヴァンの根本的な認識に依拠したのである。

四　国家に関する教会の使命

イエス・キリストの一なる主権は、国家が教会を保護するだけでなく、教会が国家に関して使命をもつことも必要とさせる。ここでは三つの次元が取り上げられねばならない。

第一に、認められるべきことは、教会がどれほど国家にその責任を思い起こさせなければならないか、ということであり、ここで再びカルヴァンの説教が参照されねばならない。もちろん、カルヴァンがキリスト教的な政府を前提としていることは、歴史的なことと見なされねばならない。だが、このことは、教会が国家にはっきりものを言うことができなかった、ということを意味するのではない。今日にいたるまで、ドイツ語訳があまりなく、初歩的にしか解釈されていないカルヴァンの説教が示すことは、彼が、一方で、どれほど明確な神学的認識と時局の問いとを和解させたか、ということだ。まとめると、ハンス・ショルがつぎのように述べるとおりだ。「カルヴァンは、都市当局に勧告しつつ、法的にではなく、具体的に、福音的な現実主義、兄弟としての責任において語り、救いを配慮するが、しかしまた、都市の安寧をも配慮するのである」*。けれども、人はこの使命を、型通りの説教壇からの発言に制限してはならない。つまり、カルヴァンの場合、彼の政治的な責任は、ジュネーヴだけに限られるのではなく、より広い地平へと向けられており、それは具体的には何よりもフランスだ。ここでカルヴァンが語りかけている相手は、国家だけでなく（これもそうだが）、何よりも苦境を耐え忍ぶユグノーであり、カルヴァンは、彼らに忍耐と非暴力を訴えているのである。

> 一方で、ひとは、法と礼儀が強固となり、信仰が盛んになるように、王のために祈らなければならないということ、他方で、統治だけでなく政治の全領域が信仰と何の関係もないということ、これら二つの見解はどれほど離れているのか。われわれは、第一の命題の発起人として聖霊をもっているのだから、第二の命題は悪魔によるものに違いない（『テモテへの手紙一註解』二章2節）。

　教会の政治的な責任は、さらに、国家のための執り成しの祈りに現われる――それどころか、本来的には、すべての具体的な政治的行動は、執り成しの祈りに基礎をもつ。「執り成しの祈りと政治的な諸問題において注意深く同行することとは、相互に条件付け合う[**]」（同上54）。カルヴァンの祈りにおいて、彼がどれだけ具体化を顧慮しているのか、つまり、状況に関わる願い事を採り入れているかが判明する。実際、ジュネーヴにおける週日の特別な祈禱会の習慣を設けたのもカルヴァンにさかのぼる。「ドイツにおいて、一部ではペストが、一部では戦争が猛威を振るっているとき、私は、臨時の祈禱日が決定されるように、取り計らったのである」（「書簡三八四」〔Calvini Opera 11, 364〕）。

　教会の第三の使命は、その模範としての性格にある。確かに、ひとは、ここで大げさな判断を下してはならないが、教会において実行された権力の分立は、模範的な性格をもっている。各個教会の集まりである長老会議組織と同様に、現場の各個教会における役職の分配は、少なくとも透明性があり、それゆえ、エーバーハルト・ブッシュによると「ある種の民主主義的な思考を……受胎させたのである[***]」。とはいえ、カルヴァン自身は、民主制に肯定的な態度をとったわけではない。

* Hans Scholl, Reformation und Politik, Stuttgart 1976, 56f.

** Ebd., 54.

*** E. Busch, Gotteserkenntnis und Menschlichkeit. Einsichten in die Theologie Johannes Calvins, Zürich 2005, 156.

第一五章　完成へのあこがれ

たとえ、カルヴァンがキリスト教的な共同体と個々の偉大な価値の形成に力を注いだとしても、それでも、彼の神学全体は、来たるべき栄光へのあこがれに満たされていた。イエス・キリストが到来するとき、彼は選ばれた者たちに完全な交わりをもたらす。この将来の生への希望は、すでにこの生において神に栄誉を帰するための助けとなるのである。

カルヴァンは『キリスト教綱要』でも他の著作でも、細部にわたる終末論を執筆しているわけではない。また彼は、他のすべての宗教改革者のように、ヨハネの黙示録を註解せず、それどころか、これを敬遠した――カルヴァンの場合、それを暗示することすらほとんどない。このことから、彼にとって、やがて起こるだろう事柄について熟慮することが、それほど重要ではなかったという推測が成り立つかもしれない。けれども、カルヴァンの読者がただちに気づくことは、彼の場合、ほとんどの思索の過程で、来たるべき栄光が言及されているということだ。それゆえ、たとえば、神がどのように世界を創造し、保持しているのかということについて熟考し、つぎのように述べられているのである。

「神に関するこうした知識は、われわれを神礼拝へと呼び起こすと同時に、われわれのうちにある永遠の生への希望をも目覚めさせ、鼓舞する。けれども、われわれは、主が、彼の恩恵と彼の厳格さによってわれわれに与える徴が、始まりであり発端にすぎないことに気づかざるをえない。それらは、疑いなく、より大いなるものへの序幕にすぎないと見なされるべきであり、それらの顕現と完全な除幕は、つぎの生まで延期されているのである」(『綱要』I・5・10)。

とはいえ、カルヴァンの関心は――この引用では、どちらかと言うならば間接的だが、他ではもっとはっきりする――新しい天と新しい地、それゆえ全宇宙の将来を視野に入れる、いわゆる宇宙論的な終末論に置かれていないことが、認められるだろう。カルヴァンは、何よりも個人的な終末論に焦点を合わせる。つまり、彼が何よりも問うているのは、信仰者のための復活の希望なのだ。とはいえ、彼は、個人主義的な狭隘化を最初から締め出す仕方で、これを問うのである。

一　イエス・キリストの再臨

カルヴァンの終末論的な考察のすべてにとって決定的な神学的出発点は、さしあたり、死後がいったいどうなるだろうかという問いではない。なぜなら、この問いは、より広い地平においてのみ答えることができるからであり、それを救済史的と呼ぶことができよう。ここでも決定的なことは、イエス・キリストが辿った道だ。イエス・キリストは、死者から復活し、そして終わりの日に再び到来するだろう。そのとき、イエス・キリストは万人の目に見える姿で現われ、そのとき、神の栄光が輝きわたるだろう。だが、この栄光は、カルヴァンが強調するように、あらゆる人間的な想像力を凌駕するのである。

「というのも、われわれは真理において、神の国が輝きと喜びに満ち、至福と栄光に満ちることを聞いているけれども、しかし、ひとが何を語ろうと、かの日が到来するまで、すべてのことは、われわれの感覚からまったく隔たり、謎に覆われているかのようだからである。かの日に、神は、われわれ自身に彼の栄光の覆いを取り除き、その栄光を顔と顔とを合わせて見るようにさせるのである」（『綱要』Ⅲ・25・10）。

それゆえ、カルヴァンは、来たるべき世界を「どのように」描写するかという場合に、控えめだ——彼がヨハネの黙示録を決して註解しなかった理由も、おそらくここにあるだろう。とはいえ、カルヴァンがイエス・キリストの再臨から出発することは、終末論の宇宙論的な次元を考えることを、少なくとも可能にするという点で、評価されるべきだ——ただし、彼はこのこと自体をかなりぼかしていったのではあるが。

イエス・キリストの再臨は、審判者の到来だ。これについて、カルヴァンは——選びについての彼の考えに応じて——万人が救われるという前提から出発しない。それどころか、そのとき、「義人は栄光の冠を獲得し、不信仰者にはしかるべき報いが」（『共観福音書註解』マタイによる福音書二五章32節）課せられる。カルヴァンは、罰の聖書的なイメージを体系的に詳論しない。ここでも彼は、それが言語を絶していることを承知している。そのため、彼の場合、傾向として、罰は神からの永遠の隔離と理解される。「われわれは、神との交わりを絶たれることが、どれほどの苦境かを熟慮しなければならない」（『綱要』Ⅲ・25・12）。彼の選びの教説の場合とまったく同様に、永遠の罰の形態は、カルヴァンにとって重要な事柄の裏面として、論理的な必然性なのだ。それゆえ、彼はこの点について簡潔に述べるだけで、むしろ、希望を強調する——永遠の罰は、栄光の陰の引き立て役にすぎない。信仰者は、審判のさいに、いったい誰を待望するのか。救い主、恵み深いイエス・キリスト以外にはいない。

「われわれの受ける慰めは、何と栄光に満ちていることだろう。裁きは、裁きにおいてわれわれ自身を彼の栄誉を共にする仲間として選定した主のもとにあるのだ。だから、彼がわれわれに罰を下すために法廷に立つことは決してない。最も慈しみ深い君主が、どうして彼の民を滅ぼすことがあろうか。どうして頭が肢体を破壊することがあろうか。どうして仲裁者が庇護される者たちを断罪することがあろうか」(『綱要』Ⅱ・16・18)。

この讃美に近い語りは、終わりの事柄の考察に関するカルヴァンの強調点を示している。中心にあるのはイエス・キリストとの完全な交わりだ——それゆえ、裁きは、恐れられるべきではなく、待ち焦がれるべきなのだ。というのも、それは、ゴルゴタの出来事と向かい合わせに、それから切り離された神の行為ではなく、受難日の裁きが明らかになることだからだ。あらかじめ信じられていた(だけ!)のことが、いまや万人に明らかとなる。すなわち、キリストとの結合(unio cum Christo)、からだとその頭との交わりが明らかとなるのである。

カルヴァンが、来たるべき栄光を、罪のない原初状態の回復、それゆえ最初の堕落以前の楽園の再興として純粋に理解していたのか否かについては、議論の余地がある。カルヴァンのいくつかの発言によると「神は、今や崩壊状態にある世界を、同時に人類と共に、その原初の状態に戻す」（『ローマの信徒への手紙註解』八章21節）ということだ。だが、同時に、神の讃美が全世界を満たすことについて語るほとんど熱狂的な言葉は、それ以上のことを示す。しかし「第一の創造と比べて、第二の創造の偉大な点がどこにあるのかは*」明確に述べられてはいない。

* H. Quistorp, Die letzten Dinge im Zeugnis Calvins. Calvins Eschatologie, Gütersloh 1941, 188.

二　完全な交わり

信仰を中核において形成するのは、聖霊がもたらすキリストとの交わりだ。だが、信仰の目印とは、それがこの世において試練に遭うこと、そして何よりも信仰者が現世のときを闘いの状態と認めることだ。というのも、カルヴァンによると、この目印は、キリスト者が地上の生において彼らの主に似た者に形成されることに他ならないからだ。地は楽園ではなく、闘いと苦難の場だ。カルヴァンは、この地上の生を「流謫《るたく》の地」（『綱要』Ⅲ・9・4）とすら呼ぶことができる。もちろん、カルヴァンが地上の生を批判的に見ることができるのは、彼がキリストとの完全な交わりを前提とするからだ。この交わりは、地上では信じられているが、永遠においては体験される。「ひとたびキリストに属する者には、キリストと共に永遠の生命が約束されるのだ」(『テサロニケの信徒への手紙一註解』四章17節)。この交わりは、人間の神との一致として神秘的に理解されてはならない。むしろ、人間はそのとき、彼の目標に到達し、神の似姿に変えられるのだ――そして人間は「顔と顔とを合わせて」(『コリントの信徒への手紙一註解』一三章12節)神を見ることになろう。この変化は、個々の信仰者に関わるだけでなく、教会もその全体において変えられるだろう――カルヴァンの時代にもまだ可視的に現存していないその一性は、そのとき完全に現存するだろう。さらにそれ以上に、全世界、天と地も清くされる(『ペトロの手紙二註解』三章10節)――しかし、カルヴァンは、この簡潔な暗示に留めておくのである。

それとともに、すでにつぎのことが指示される。来たるべき栄光は、純粋に霊的に理解されるべきではなく、身体的な広がりをもっている。というのも、キリストが死者から身体的に復活したからこそ、それと同じく、からだの復活があるからだ。そのさい、カルヴァンは、事実上、腐敗する肉体の回復を考えている。「神の霊が、聖書において、繰り返しわれわれの肉の復活の希望を」(『綱要』Ⅲ・25・8)想起させるからだ。この復活のからだは、確かに「本質(substantia)においては」同じだが、「性質(qualitas)は異なる」(同上Ⅲ・25・8)。これによってカルヴァンの人間論の基本的な特徴がはっきりする。彼が霊魂の不滅を主張するにせよ、それでも人間としての人間は、肉体と霊魂から成るのだ――したがって、ここでカルヴァンは、彼の多くの同時代人よりも、より全体的に考えている。そして、たとえカルヴァンが、地と結びつけられるからだを、今日では、しばしばほとんど理解しがたい仕方で否定的に評価するとしても、それでも彼において支配的であるのは、腐敗が明白であることではなく、からだの復活に関する聖書の約束なのだ。カルヴァンは、ある手紙でつぎのように言うことすらもできる。「まさしく健全な人間理解による嘲笑こそが、敬虔な者たちにとって確証なのだ」(「一五四九年六月末、レリオ・ソッツィーニ宛書簡」)。この希望にとっての最終的な根拠は、イエス・キリストの復活に関して聖書が与えた基準だ。彼が身体的に復活したのだから、彼の民も身体的に復活するだろう。

三　霊魂の不滅

カルヴァンは、信仰者がイエス・キリストの再臨のさいに、彼ら自身の変化させられたからだで復活するだろうという前提から出発する。しかし、今日の読者が同時に気づくことは、カルヴァンが霊魂の不滅についてかなり強調して語っているということだ。このことは、聖書的な伝統において教えられていない以上、「カルヴァンが、根本的に哲学を拒絶するにもかかわらず、聖書的な人間学と合致しない、神学的というよりは、むしろ哲学的な霊魂概念を展開している」*という前提から全面的に出発するということだ。つまり、カルヴァンは、おそらく自分自身が自覚している以上に、からだと霊魂を鋭く切り離す、プラトン的な傾向をもつ霊魂論に、強く影響を受けているのだろう。とはいえ、このようにカルヴァンの考えを同一視することで、もうすべてが言い尽くされているのか否か――あるいは「プラトン主義」という分類がそれとしてあまりにも一面的ではないか、ということが問われるべきだ。というのも、少なくとも以下の二点が認められるからだ。第一に、カルヴァンは、前述のように、あらゆるプラトン的な霊魂論に対して、からだの復活を固持していることだ――ニーゼルは、やや大げさだが、しかし適切に、こう断言する。「聖書の使信が、カルヴァンの思考の諸前提を、まさしく終末論においても突破したのだ」（『カルヴァンの神学』二一六頁）。そして第二に問われるべきは、彼に霊魂の不滅を強調させる内的な諸理由が、彼にあるのではないか、ということだ。確かに手掛かりはある。というのも、カルヴァンは、霊魂の不滅を本質的に、霊魂の自然本性、ないしその被造的な性質から展開しているわけではないからだ。それどころか、信仰者は、いますでにもうキリストとの交わりにおいて生きているのだ。もちろん、この交わりが死によって廃棄されることはありえない。それゆえ、人間が死んでも、キリストと彼の民との関係は、解消されず、変わることはない。さらに、この関係は、霊魂の眠りという形で休息することもない――『プシコパニキア』（Psychopnnychia＝霊魂の目覚め）と題する初期の著作でカルヴァンは、霊魂が目覚めていることを、「キリストと彼の肢体との確固とした結合というキリスト論的－霊魂論的な観点によって[**]」、確証し、強調したのである。

この強調点は、たとえカルヴァンが他の箇所で人間をからだと霊魂に分割することを語り、これを関係的ではなく、本質的に根拠づけるとしても、傾聴されるべきだ。しかし、少なくともこうしたことが突出するからには、過度にカルヴァンの思想とプラトン的な思想を同一視することについては、用心しなければならない、ということである。

Wie lieblich schön, HERR Zebaoth,
ist deine Wohnung, o mein Gott.
Wie sehnet sich mein Herz, zu gehen,
wo du dich hast geoffenbart,
und bald in deiner Gegenwart
im Vorhof nah am Thron zu stehen.
Dort jauchzet Fleisch und Geist in mir,
o Gott des Lebens, auf zu dir.

万軍の主よ、あなたの住まいは、
何と愛すべき麗しさ、私の神よ。
私の心はあこがれる、
あなたが顕現されたところに赴き、
あなたの現臨、玉座近くの前庭に、
速やかに立つことを。
私の肉と私のうちなる霊よ、歓喜の声を挙げよ、
命の神、あなたに向かって。

Wir wallen in der Pilgerschaft
und gehen fort von Kraft zu Kraft,

巡礼の途上にある私たちは
ますます力を増して前に進み

vor Gott in Zion zu erscheinen.
Hör mein Gebet, HERR Zebaoth,
vernimms, vernimms, o Jakobs Gott!
Erquicke mich auch mit den Deinen,
bis wir vor deinem Throne stehn
und dort anbetend dich erhöhn!

シオンの神の御前に進み出る。
私の祈りを聞いて下さい、万軍の主よ、
聞き届けて下さい、聞き届けて下さい、ヤコブの神よ！
あなたの恵みで私を力づけて下さい、
私たちがあなたの玉座の御前に立ち
あなたを崇めて、ほめたたえるまで。

（詩編八四編。Psalm 105 des Reimpsalters, Text von Matthias Jorissen）

* H. Quistorp, Die letzten Dinge im Zeugnis Calvins. Calvins Eschatologie, Gütersloh 1941, 70.

** H. Scholl, Barth als Interpret der Psychopannychia Calvins, in: H. Scholl (Hg.), Karl Barth und Johannes Calvin. Karl Barths Göttinger Calvin-Vorlesung von 1922, 155-171, 170.

四　来たるべき生の瞑想

二〇世紀の初頭に、カルヴァンの終末論の位置と意義をめぐって、ある活発な論争があった。カルヴァンの場合、終末論は、たとえばルターよりも明らかにより広く、より重要な場を占めるが、終末論に強力な位置を認めることが、結果としてカルヴァンへの非難をもたらしたのだ。つまり、最後の事柄を強く主張することは、非福音的な世界否定を伴って現われる、ある種の「世界内的禁欲」（トレルチ）になるというのである。*

これらの非難は、カルヴァン研究によって正当に拒絶された。というのも、たとえカルヴァンが、人間のこの世における存在を、待望され、事実、待ち焦がれられている天の栄光と区別して、対比させるとしても――そしてこの場合、この世の輝きの虚しさがあらわになるが――それでも、この地上の生は「正当に神の祝福に数え入れられるべきであって、この祝福を軽蔑してはならず」、すでにこの生において「神の善意の甘美さを」（『綱要』Ⅲ・9・3）味わう――それは神の好意の賜物なのだ。とはいえ、これは、来たるべき栄光を見ると、哀れな状態ではある。

この対比は何を意味するのか。カルヴァンが憂慮するのは、多くの人間が、真に変化することのない事柄よりも、この世のはかない幸福にかかずらうことだ。しかし、死を超えて永続するものが何かを知っている者は、キリストが再来するのだから、別の仕方で死と向き合うことができるのだ。そういうわけで、カルヴァンは、死へのあこがれといったことすらも知っている。「私は、自分が永遠の生命に赴くことを知るとき、このことだけが私を強めることができ、喜んで死を待ち受けるのだ」（『コリントの信徒への手紙二註解』五章1節）。この世の生を超えて彼方に達する希望は、カルヴァンによると、この世の試練と苦境に直面して耐え忍ばせる、慰めとしてだけ理解されるべきではない。そうではなく、この希望は、この世の生と行動に直接入り込んで働く。「復活の希望によって、われわれは、倦むことなく善き業に励むことができるのだ」（『コリントの信徒への手紙一註解』一五章58節）。それゆえ、もはや自分自身の将来と世界の将来とを思い煩う必要のない者が、ようやくそれらに正しく向き合うことができるのである。

このようにカルヴァンの神学は、繰り返し循環論証を遂行する。生全体において重要なことは、神に栄誉を帰することだ。そして、われわれが、われわれのために命を獲得したキリストが再び到来することに信頼するとき、この認識は、生に肯定的に働くのである。

「来たるべき生の瞑想」（meditatio futurae vitae）、この生においては実現しないであろう完成へのあこがれが、諸々の力を解放するのである。

このようなわけで、カルヴァンは、彼自身の神学を簡潔にまとめて、どのように神は正しく崇められるのかという問いに、つぎのように答えることができるのである。

「われわれの一切の信頼を神に置くとき、神の意志に服従しつつ、全生活を挙げて神に仕えるように努めるとき、あらゆる苦境のなか神を呼び求め、そしてわれわれの救い、またおよそ望んでよい善きものだけを、神に求めるとき、最後に、神こそ一切の善きものの唯一の作者であることを、心と口で認めることによって、神は正しく崇められるのである」（『ジュネーヴ教会信仰問答』問七)。

* たとえば B. M. Schulze, Meditatio futurae vitae, ihr Begriff und ihre herrschende Stellung im System Calvins, Leipzig 1901 を参照。論争については、H. Quistorp, Die letzten Dinge im Zeugnis Calvins. Calvins Eschatologie, Gütersloh 1941, 46-49 を参照。

訳者あとがき

本書は、Georg Plasger, Johannes Calvins Theologie – Eine Einführung. 2., durchgesehene Auflage, Vandenhoeck & Ruprecht, 2009の全訳である。翻訳にあたり、原著の註のうちカルヴァンの著作の引用箇所は、本文中に組み込むようにした。なお、原著三〇頁、一一五頁の図版は、版権の都合上、割愛せざるをえなかった。

著者ゲオルク・プラスガー（一九六〇年生）は、ジーゲン大学プロテスタント神学の教授。カンタベリーのアンセルムスの研究に始まり（Die Not-wendigkeit der Gerechtigkeit. Eine Interpretation zu „CUR DEUS HOMO“ von Anselm von Canterbury, Aschendorf Münster, 1993）、改革派諸信条、とりわけハイデルベルク信仰問答、さらにカール・バルト、今日の神学的課題に関しても多くの研究を発表している。

本書『カルヴァン神学入門』は、カルヴァン神学の全体を熟知する著者が、カルヴァンの神学を一四のテーマに分け、各テーマについて、ほぼ同じ頁数で論じる。構成はおおむね『キリスト教綱要』に従っているが、論述においては『綱要』の諸版だけでなく、神学論文、信仰問答、聖書註解、講演、説教なども活用されている。さらに、限られた頁数にもかかわらず、これまでのカルヴァン研究の成果が随所に反映されていることは、本書の「まえがき」に記されているとおりである。大部の書物ではないが、カルヴァン神学を全体的に知るうえで、好著と言えよう。カルヴァンに関して、著者には、本書および本書で引用される論文の他に、カルヴァンの著作の主要部分を抜粋し編集した『カルヴァン読本』(Calvin Lesebuch. Matthias Freudenberg / Georg Plasger (Hg.), Neukirchener, 2. Auflage, 2008) があり、Herman J. Selderhuis (Hg.), Calvin Handbuch, Mohr Siebeck, 2008 (オランダ語版・英語版もある) では「教会論」を執筆している。

カルヴァンの名前は生まれる前から知っていた、そう言っても言い過ぎではない環境に生まれ育った。高校三年生の夏休みに受験勉強と称して読まされたのは、K・バルトの『教会の信仰告白——ジュネーヴ教会信仰問答による使徒信条講解』の英訳だった。しかし、カルヴァンを自分の研究対象にしようとは思わなかった。ただ、カルヴァンの著作・研究は、おりにふれて読むようにしてきた。本書もそうした中の一冊である。パウル・ヤコプスのカルヴァン予定論に関する古典的な名著『カルヴァンにおける予定と責任』(Paul Jacobs, Prädestination und Verantwortlichkeit bei Calvin, Neukirchener, 1937[1], Wissenschaftliche Buchges, 1968[2]) を読み直していたときに、カルヴァン神学の全体を概観しておこうと思い、同じく名著であるW・ニーゼル『カルヴァンの神学』(渡辺信夫訳、新教出版社、一九六〇年)、C. Andresen (Hg.), Handbuch der Dogmen- und

Theologiegeschichte, Band 2, Vandenhoeck & Ruprecht, 1998, SS. 238-271 にW・ノイザー（W. Neuser）が執筆した「ジャン・カルヴァンの神学」そして出版されたばかりの本書を読んだと記憶する。

訳し始めたのは三年ほど前である。昨年出版したH・キュンク『キリスト教は女性をどう見てきたか——原始教会から現代まで』と同様に、毎月できあがっていく原稿の読書会に二年近く辛抱強く付き合ってくださったのは、日本キリスト改革派東京教会の今井献牧師である。心から感謝申し上げる。

カルヴァンから学び、カルヴァンと共に牧師としての人生を歩んだ父たち・矢内昭二（一九二七—二〇一六年）、山崎順治（一九二九—二〇一四年）が、このささやかな訳書を手に取ったら、あるいは、喜んでくれたかもしれない。

最後に、本書の意義と今日的な必要性を認め、出版を快諾してくださった教文館の渡部満社長、また、いつもながら編集の労をとってくださった髙木誠一氏に、心から御礼を申し上げる。

二〇一七年三月一六日

矢内義顕

参考文献

第１章　カルヴァンの生涯

Peter Opitz, Leben und Werk Johannes Calvins, Göttingen 2009.

Herman J. Selderhuis, Johannes Calvin. Mensch zwischen Zuversicht und Zweifel. Eine Bilografie. Aus dem Niederländischen übersetzt von Berthold Tacke, Gütersloh 2009.

第２章　神認識と自己認識

Cornelis van der Kooi, Als in een spiegel. God kennen volgens Calvijn en Barth, Kampen 2002; 英語版：As in a mirror, John Calvin and Karl Barth on Knowing God, Leiden/Boston 2005.

Georg Plasger, Erkenntnis und Ehre Gottes. Überlegungen zum Verhältnis von zwei zentralen Begriffen bei Johannes Calvin, in: J. M. J. Lange van Ravenswaay/H. J. Selderhuis (Hg.), Reformierte Spuren, Wuppertal 2004, 103-110.

第３章　聖書の理解

Peter Opitz, Calvin theologische Hermeneutik, Neukirchen-Vluyn 1994.

Herman J. Selderhuis, Gott in der Mitte: Calvins Theologie der Psalmen, Leipzig 2004.

第４章　三位一体論

E. Calvin Beisner, God in Three Persons, Eugene 2004.

Arie Baars, Om Gods verhevenheid en zijn nabijheid. De Drie-eenheid bij Calvijn, Kampen 2005.

Eberhard Bush, Der dreieine Gott. Das Bekenntnis der Kirche zu Ihm, in: Ders., Gotteserkenntnis und Menschlichkeit. Einsichten in die

Theologie Johannes Calvins, Zürich 2005, 11-29.

第5章　神の創造者としての働き

Christian Link, Schöpfung. Schöpfungstheologie in reformatorischer Tradition (=Handbuch Systematische Theologie 7/1), Gütersloh 1991, 120-175.

Peter Wyatt, Jesus Christ and the Creation in the Theology of John Calvin, Allison Park 1996.

第6章　罪

Eva-Maria Faber, Symphonie von Gott und Mensch. Die responsorische Struktur von Vermittlung in der Theologie Johannes Calvins, Neukirchen-Vluyn 1999.

第7章　イエス・キリスト

Klauspeter Blaser, Calvins Lehre von den drei Ämtern Christi, Zürich 1970.

Matthias Freudenberg, Das dreifache Amt Christi – eine »längst ausgepfiffene Satzung der Schultheologen« (H. Ph. K. Henke) ? Zum munus triplex in der reformierten Theologie und seiner Bedeutung für das ökumenische Gespräch, in: J. M. J. Lange van Ravenswaay / H. J. Selderhuis (Hg.), Reformierte Spuren, Wuppertal 2004, 71-96.

第8章　律法

Dieter Schellong, Das evangelische Gesetz in der Auslegung nach Calvins, München 1968.

I. John Hesselink, Calvin's Concept of the Law, Allison Park 1992.

第9章　聖霊／信仰

Werner Krusche, Das Wirken des Heiligen Geistes nach Calvin, Göttingen 1957.

Eva-Maria Faber, Symphonie von Gott und Mensch. Die responsorische Struktur von Vermittlung in der Theologie Johannes Calvins, Neukirchen-Vluyn 1999.

第10章　選び

Eberhard Busch, Gottes ewige Erwälung, in Ders., Gotteserkenntnis und Menschlichkeit. Einsichten in die Theologie Johannes Calvins, Zürich 2005, 67-86.

第11章　聖化

Wilhelm Kolfhaus, Christusgemeinschaft bei Johannes Calvin, Neukirchen-Vluyn 1939.

Tjarko Stadtland, Rechtfertigung und Heiligung bei Calvin, Neukirchen-Vluyn 1972.

Eva Harasta, Lob und Bitte. Eine systematisch-theologische Untersuchung über das Gebet, Neukirchen-Vluyn 2005, 112-142.

第12章　教会

Otto Weber, Die Einheit der Kirche bei Calvin, in: J. Moltmann (Hg.), Calvin-Studien 1959, Neukirchen-Vluyn 1960, 130-143.

Jan Weerda, Ordnung zur Lehre. Zur Theologie der Kirchenordnung bei Calvin, in: J. Moltmann (Hg.), Calvin-Studien 1959, Neukirchen-Vluyn 1960, 144-171.

Alexandre Ganoczy, Ecclesia ministrans. Dienende Kirche und kirchlicher Dienst bei Calvin, Freiburg 1968.

第13章　サクラメント

Wilhelm Niesel, Calvins Lehre vom Abendmahl, München 1935.

Thomas F. Torrance, Calvins Lehre von Taufe, in: J. Moltmann (Hg.), Calvin-Studien 1959, Neukirchen-Vluyn 1960, 95-129.

Ronald Wallace, Calvin's Doctrine of the Word and Sacrament, Eugene 1997.

第14章　教会と国家

Hans-Helmut Eßer, Demokratie und Kirche (am Beispiel Calvins). In: Zeitschrift für Religionspädagogik 26/ 1971, 319-333.

Hans Scholl, Reformation und Politik, Politische Ethik bei Luther, Calvin und den Frühhugenotten, Stuttgart 1976.

Eberhard Busch, Gemeinschaft und Freiheit. Impulse für eine demokratische Lebensform, in: Ders., Gotteserkenntnis und Menschlichkeit. Einsichten in die Theologie Johannes Calvins, Zürich 2005, 139-170.

第15章　終末論

Heinrich Quistorp, Die letzen Dinge im Zeugnis Calvins. Calvins Eschatologie, Gütersloh 1941.

Raimund Lülsdorff, Die Zukunft Jesu Christi. Calvins Eschatologie und ihre katholische Sicht, Paderborn 1996.

出　典

68－70頁　マティアス・ヨリッセンのテクストの復刻版は、レール福音主義－改革派教会の御好意による。

209－210頁　マティアス・ヨリッセンのテクストの復刻版は、レール福音主義－改革派教会の御好意による。

《訳者紹介》
矢内義顕（やうち・よしあき）
1957年、東京生まれ。早稲田大学大学院博士課程後期修了。神田外語大学助教授を経て、現在、早稲田大学教授。
著書　『境界に立つクザーヌス』（共編、知泉書館、2002年）、『中世における信仰と知』（共著、知泉書館、2013年）、『中世における制度と知』（共著、知泉書館、2016年）ほか。
訳書　『中世思想原典集成10　修道院神学』（編訳・監修、平凡社、1997年）、L. ハーゲマン『キリスト教とイスラーム――対話への歩み』（共訳、知泉書館、2003年）、J. ルクレール『修道院文化入門――学問への愛と神への希求』（共訳、知泉書館、2004年）、J. グニルカ『聖書とコーラン――どこが同じで、どこが違うか』（教文館、2012年）、J. グニルカ『コーランの中のキリスト教――その足跡を追って』（教文館、2013年）、R. W. サザーン『カンタベリーのアンセルムス――風景の中の肖像』（知泉書館、2015年）、H. キュンク『キリスト教は女性をどう見てきたか――原始教会から現代まで』（教文館、2016年）ほか。

カルヴァン神学入門

2017年4月30日　初版発行

訳　者　矢内義顕
発行者　渡部　満
発行所　株式会社　教文館
〒104-0061 東京都中央区銀座4-5-1 電話 03(3561)5549 FAX 03(5250)5107
URL　http://www.kyobunkwan.co.jp/publishing/
印刷所　モリモト印刷株式会社

配給元　日キ販　〒162-0814　東京都新宿区新小川町9-1
電話 03(3260)5670　FAX 03(3260)5637

ISBN978-4-7642-6728-2　Printed in Japan